独習用CD付

音楽療法で使う
即興・伴奏・作曲

初心者のための30日間マスター！

日本音楽療法学会認定音楽療法士
大垣女子短期大学音楽療法コース教授

Sugata Ayako

菅田文子
[著・作曲・CD演奏]

既成の楽譜に
書かれていないことを
音にする

あおぞら音楽社

独習用CD付

音楽療法で使う
即興・伴奏・作曲
初心者のための30日間マスター！

目 次

　　はじめに　楽譜に書かれていないことを演奏するのが音楽療法士 …………………………… 6

1日目　対象者に合わせるための練習①
　　課題1-1　対象者を見ながら演奏（目標0）……………………………………………………… 8
　　課題1-2　対象者に合わせるための練習「かえるの合唱」（目標0）………………………… 9
　　課題1-3　対象者に合わせて歌うための練習「春が来た」（目標1）………………………… 10
　　課題1-4　1度と5度のベルを使って歌う歌を考える（目標2）……………………………… 10
　　課題1-5　さぐり弾き課題①「森のくまさん」（目標1）……………………………………… 11

2日目　対象者に合わせるための練習②
　　課題2-1　対象者に合わせるための練習「春が来た」（目標0）……………………………… 12
　　課題2-2　1度と5度のベルを使って歌う歌を考える「荒城の月」「赤いくつ」（目標2）……… 12
　　課題2-3　さぐり弾き課題②「ドラえもんのうた」（目標1）………………………………… 13

3日目　ペンタトニック　自由に即興演奏をするための練習
　　課題3-1　自由に即興演奏をする練習　F♯ペンタトニックを使って（目標5）…………… 14
　　課題3-2　ペンタトニックの即興演奏を1分間続ける（目標5）……………………………… 15
　　課題3-3　ペンタトニックを使った作曲（目標5）……………………………………………… 16
　　課題3-4　さぐり弾き課題③「大きな栗の木の下で」（目標1・2）………………………… 16

4日目　さまざまなペンタトニック
　　課題4-1　ペンタトニックの歌を演奏する　かごめかごめ・うさぎ・鳩・島唄（目標2）…… 18
　　課題4-2　ペンタトニックのさぐり弾き課題④「通りゃんせ」「あんたがたどこさ」（目標1・2）…… 19
　　課題4-3　ペンタトニックが使われている曲を思い出して弾く（目標1）…………………… 20

5日目　主要三和音の伴奏づけ（長調）
　　課題5-1　主要な調のⅠⅣⅤ（目標2）…………………………………………………………… 21
　　課題5-2　和音記号で書かれた譜面を複数の調で演奏する「うみ」（目標2）……………… 21

6日目　主要三和音の伴奏づけ（短調）
　　課題6-1　主要な調のⅠⅣⅤ（短調）（目標2）………………………………………………… 23
　　課題6-2　和音記号で書かれた譜面を複数の調で演奏「四季の歌」（目標2）……………… 24

7日目　主要三和音の即興的な使い方

- 課題7-1　主要三和音で一緒に演奏を終わる練習（key＝C）（目標5）……………25
- 課題7-2　主要三和音で一緒に演奏を終わる練習「日の丸の旗」（目標5）…………26
- 課題7-3　既製曲で一緒に演奏を終わる練習⑤「きらきら星」「お正月」（目標2・5）……27

8日目　主要三和音で一緒に演奏を終わる練習（key＝F♯）

- 課題8-1　黒鍵を使った伴奏の練習「ぞうさん」「即興的伴奏」（目標5）……………28
- 課題8-2　アレンジした伴奏「夕焼け小焼け」（目標5）…………………………………30

9日目　基本拍を促す伴奏①　既製曲の基本拍

- 課題9-1　基本拍を促す伴奏にアレンジ「さんぽ」（目標4）……………………………32
- 課題9-2　基本拍を促す伴奏にアレンジ「幸せなら手をたたこう」（目標4）…………33
- 課題9-3　基本拍を促す伴奏にアレンジ既成曲を（目標4）……………………………34
- 課題9-4　さぐり弾き課題⑥「子ぎつね」（目標2）………………………………………34

10日目　基本拍を促す伴奏②　太鼓とピアノの即興

- 課題10-1　太鼓とピアノの即興練習（目標4）……………………………………………35
- 課題10-2　太鼓とピアノの即興・作曲（目標5）…………………………………………36
- 課題10-3　コード付け課題①「宇宙戦艦ヤマト」（目標2）……………………………37

11日目　基本拍を促す伴奏③　太鼓とピアノの即興、応用

- 課題11-1　太鼓とピアノの即興、応用練習（目標4）……………………………………38
- 課題11-2　太鼓とピアノの即興・作曲（目標5）…………………………………………39
- 課題11-3　コード付け課題②「勇気りんりん」（目標2）………………………………40

12日目　基本拍を促す伴奏④　太鼓とピアノのテンポ変化

- 課題12-1　太鼓とピアノのテンポ変化（目標4）…………………………………………41
- 課題12-2　太鼓とピアノの即興・作曲（目標4・5）……………………………………42
- 課題12-3　コード付け課題③「鉄道唱歌」（目標2）……………………………………43

13日目　基本拍を促す伴奏⑤　太鼓、シンバルとピアノの即興課題

- 課題13-1　太鼓・シンバル・ピアノの即興課題（目標5）………………………………44
- 課題13-2　コード付け課題④「あたしンちエンディング」（目標2）…………………45
- 課題13-3　さぐり弾き課題⑦「サザエさん」（目標1・2）……………………………46

14日目　さまざまな伴奏パターンを学ぶ①　民謡

- 課題14-1　民謡の伴奏パターン「ソーラン節」（目標2）………………………………47
- 課題14-2　民謡の伴奏パターンの作成（目標2）…………………………………………48
- 課題14-3　さぐり弾き課題⑧「翼をください」（目標2）………………………………49

15日目　さまざまな伴奏パターンを学ぶ②　軍歌

　　課題 15-1　軍歌の伴奏パターン「戦友」(目標 2) ………………………………… 50
　　課題 15-2　軍歌の伴奏パターンの作成 (目標 2) ………………………………… 51
　　課題 15-3　さぐり弾き課題⑨「ハッピーバースデー」(目標 1・2) ………… 52

16日目　さまざまな伴奏パターンを学ぶ③　演歌

　　課題 16-1　演歌の伴奏パターン「長良川艶歌」(目標 2) ……………………… 52
　　課題 16-2　演歌の伴奏パターンの作成 (目標 2) ………………………………… 55
　　課題 16-3　演歌の伴奏パターン「星影のワルツ」(目標 2) …………………… 55

17日目　目的に合わせて作曲する①　リラックス体操の伴奏

　　課題 17-1　リラックス体操（ストレッチ）の伴奏を作曲する (目標 5) …… 57
　　課題 17-2　さぐり弾き課題⑩「エーデルワイス」(目標 1・2) ……………… 58

18日目　目的に合わせて作曲する②　タオル体操の伴奏

　　課題 18-1　タオル体操の伴奏を作曲する (目標 5) …………………………… 59
　　課題 18-2　コード付け課題⑤「仮面ライダー」(目標 2) ……………………… 60

19日目　目的に合わせて作曲する③　嚥下体操の伴奏

　　課題 19-1　嚥下体操の伴奏を作曲する (目標 5) ……………………………… 61
　　課題 19-2　さぐり弾き課題⑪「アルプス一万尺」(目標 1・2) ……………… 66

20日目　目的に合わせて作曲する④　「待つ」ための曲を作る

　　課題 20-1　「待つ」ための曲を演奏する (目標 5) ……………………………… 67
　　課題 20-2　「待つ」ための曲を作る (目標 5) …………………………………… 68
　　課題 20-2　コード付け課題⑥「鉄腕アトム」(目標 2) ………………………… 69

21日目　目的に合わせて作曲する⑤　動きを促す音楽の作曲

　　課題 21-1　動きを促す音楽の作曲（単音楽器を用いて）(目標 5) ………… 70
　　課題 21-2　さぐり弾き課題⑫「手のひらを太陽に」(目標 1・2) …………… 71
　　課題 21-3　「順番を待つ」ための音楽 (目標 5) ………………………………… 72

22日目　目的に合わせて作曲する⑥　気持ちを表す音楽の作曲

　　課題 22-1　気持ちを表す音楽の作曲 (目標 5) ………………………………… 74
　　課題 22-2　さぐり弾き課題⑬「ジングルベル」(目標 1・2) ………………… 75

23日目　目的に合わせて作曲する⑦　言葉や詩に曲をつける

　　課題 23-1　言葉や詩に曲をつける (目標 6) …………………………………… 76

24日目　1音のためのアレンジ

　　課題 24-1　　1音のためのアレンジ「世界にひとつだけの花」（目標 5） ······················ 79
　　課題 24-2　　1音のためのアレンジ「大きな古時計」（目標 5） ································ 80
　　課題 24-3　　既成曲を用いた1音のためのアレンジ（目標 5） ·································· 82

25日目　1音のための作曲

　　課題 25-1　　1音のための作曲の練習（目標 5） ·· 83
　　課題 25-2　　1音のための作曲の練習（目標 5） ·· 85
　　課題 25-3　　コード付け課題⑦「月の沙漠」（目標 2） ·· 85

26日目　モード(旋法)と慣用的な表現①　ドリアンのスケール

　　課題 26-1　　ドリアンの練習①　和音（目標 5） ·· 86
　　課題 26-2　　ドリアンの練習②　スケール（目標 5） ·· 88
　　課題 26-3　　コード付け課題⑧「燃えよドラゴンズ」（目標 2） ································ 88

27日目　モード(旋法)と慣用的な表現②　リディアン、中近東のスケール

　　課題 27-1　　リディアンの練習（目標 5） ·· 89
　　課題 27-2　　中近東音階の練習（目標 5） ·· 90
　　課題 27-3　　中近東音階の即興（目標 5） ·· 92
　　課題 27-4　　コード付け課題⑨「WORLD FOOTBALL ANTHEM」（目標 2） ············ 92

28日目　モード(旋法)と慣用的な表現③　スペイン風音階

　　課題 28-1　　スペイン風音階の練習（目標 2） ·· 93
　　課題 28-2　　スペイン風音階の即興（目標 5） ·· 94
　　課題 28-3　　コード付け課題⑩「ゲゲゲの鬼太郎」（目標 2） ···································· 94

29日目　モード(旋法)と慣用的な表現④　民謡音階の即興

　　課題 29-1　　「民謡音階」の即興「こきりこ節」（目標 4・5） ···································· 95
　　課題 29-2　　さぐり弾き課題⑭「赤鼻のトナカイ」（目標 1・2） ································ 97

30日目　臨床における応用

　　課題 30-1　　対象者の変化に即応し、対象者の反応を記憶する（目標 4・5） ··············· 98

　　音楽療法で使う「作曲」を始めるにあたって ·· 100
　　指導者の方へ　本書の活用ガイド ··· 105
　　［付録CD］収録内容リスト ·· 108
　　あとがき　対象者のために作られた音楽を ·· 110

 ## 楽譜に書かれていないことを演奏するのが音楽療法士

　音楽文化の多様化により、音楽療法の現場では、すべての人が口ずさむ大ヒット曲を学んでおけば対象者に喜んでもらえた時代は過ぎてゆこうとしています。その人個人に合わせることができる即興によるかかわりの重要性はこれからますます増してゆくでしょう。**楽譜をそのまま弾くことは、音楽教育を受けた人なら誰でもできますが、障害や病気を持つ人の気持ちや状態に合わせて演奏する即興や作曲は音楽療法士でなければできません。**
　音楽療法士の専門性の重要な部分が即興演奏にあると、筆者は考えます。この本は、音楽療法のための即興（臨床的即興：Clinical Improvisation）を初めて勉強する人が、現場で即興演奏と即興的な対応ができるようになるための練習課題集として作りました。

　音楽療法で用いられる即興演奏は普通の即興演奏とは違います。
　普通の即興演奏はテーマやコード進行に沿って、演奏者が自分の感性で自由に演奏をするものです。ジャズのアドリブやクラシック音楽でも、即興演奏は行われます。この場合は、当然のことですが、演奏をどのように変化させ、展開させたいかは演奏者の自由で、即興演奏は演奏者の表現として扱われます。
　それに対して、**音楽療法で用いる即興は、対象者のために行うものです。**セラピスト（音楽療法士）の表現ではなく、対象者の表現を引き出すための演奏であると言い換えていいでしょう。具体的には、対象者の動きや気持ちに合わせて、また、対象者の演奏に合わせながら展開させる演奏を行います。臨床的即興は、共に演奏することによって治療目的に沿った行動や気持ちの変化を促すことができる、治療的な介入方法なのです。介入方法を選ぶのはセラピストですが、対象者に合わせた演奏を行うことが原則です。これが普通の即興演奏との大きな違いです。

　筆者は音楽療法を勉強するまでジャズピアノを演奏していました。筆者が臨床的即興を学んだ時に一番とまどい、驚いたのはこの「誰のために演奏するか」の立ち位置がジャズのアドリブを行う時とまったく異なったことです。ジャズのインタープレイは相手の演奏に反応しますが、音楽療法ではそれだけではなくさらに一歩踏み込んで、相手の音楽的ではないかもしれない音楽表現を支え、共に歩み、形を整え、一緒に音楽を作り上げるといった作業が必要[1]です。それには単に指が動くとかたくさんのコードを知っているといった表面的な技術だけではなく、相手の動きや表情を見て、さらに相手の出す音を聴いて自分の演奏をコントロールするという、自分の内面にではなく、外に開かれた意識を持って演奏しなければならないのです。

※1　**Decker-Voigt, H. , Knill, J. P.,& Weyman, E. ed：Lexikon Musiktherapie.**
Hogrefe-Verlag, Göttingen, 1996.（阪上正巳他訳：音楽療法事典. 人間と歴史社、1999.）より。
Clinical Improvisationとは、原本には「臨床即興は、治療者自身の表現欲を表現するものではない。あくまでも対象者のためにある。治療者は、対象者の演奏を受け入れ、展開させ、前進させ、また加工する」と記述されています。

2008年に『相手を活かす即興と伴奏　役立つパターンと10の課題集』の初版を出してから5年がたちました。授業で本書を使い続ける中で、もっとこの本を使いやすくする工夫や、音楽療法のための即興を初めて学ぶ人がもっと力をつけることのできる課題について考えました。その結果、初版の内容をもとに大幅に加筆修正し、新たな装いで本書を出すことになりました。大きく変えた点は具体的に次の3つです。

1. 時系列で進む授業に対応するべく、**30回分**に編集しました。ひとつの課題を一度に学ぶのではなく、1回の授業の中で複数の課題を扱い、それぞれに習得すべき**6つの目標**を当てはめました。課題を繰り返すことによって、徐々にすべての目標を達成できるようにまとめてあります。1日1項目ずつ進めてゆけば、30日（1カ月）で終えることができます。
2. これからの教育に採り入れられるであろうテレビ電話や通信制での遠隔授業で、**双方向やりとりや指導がスムーズにできるように**細かな工夫（小節に番号をふる、「1人でできる課題」と「2人で行う課題」の明記）をしました。2人で行う課題は身近な場にもう一人がいなくても、テレビ電話を使って教員とやりとりをしたり、実際の対面授業で取り入れることでカバーできます。
3. **付録CD**に、1人で**独習**できるように体操のナレーションや伴奏練習のためのメロディーを収録し、また参考例として筆者の**見本演奏**を多数入れました。（ただし、臨床即興は相手がいることが前提ですので、いくつかの課題では、2人1組で行う設定になっています）

　この本を使ってできるようになること（目標）は、次の6点です。

> 1. 自分が覚えているメロディーは、楽譜がなくても弾けるようになること
> 2. 自分が歌えるメロディーに伴奏がつけられること
> 3. 体操や手遊びにオリジナルの伴奏をつけること
> 4. 基本拍を促す伴奏ができること
> 5. 音楽療法の活動目標にそった作曲ができること
> 6. 対象者の作った詞に曲をつけること

　本書では、**各課題のすべてに、上記6つの目標**のどれを対応させているかを冒頭で示していますので、いま何を学んでいるかを自覚し確認しながら進められるようになっています。

　この本とCDを活用し、音楽療法を学ぶすべての人が即興演奏を使い、対象者と即興的に音楽でかかわることができるための一助になればと願っています。

2013年　8月　菅田文子

譜面を見ないで、対象者を見る

対象者に合わせるための練習(1)

> 臨床的即興で大切なことは「対象者に合わせる」ことです。
> 対象者に演奏を合わせることができてくると、次に対象者の不調和な演奏（途切れ途切れであったり、始まったら止まらなかったり）を自然に整えるような、いわば対象者を導く演奏ができるようになります。

課題 1-1　対象者を見ながら演奏

2人で行う

目標 0　ウォーミングアップ

対象者に合わせる演奏をするためには、譜面を見て演奏していてはいけません。
譜面の代わりに対象者を見ながら演奏する練習をしてください。そのために次の活動をしてみましょう。

進め方

1. 1人（対象者役）が前に出て、ゆっくり歩いたり、かけ足をしたり、スキップしたりします。もう1人（セラピスト役）がそれに合わせて手拍子するか、カスタネットをたたくかしてください。
2. 次に前に出ている対象者役の人は、両手にバチを持っているふりをして、空中にある太鼓をたたくふりをしてください。たたき方を「ゆっくり」、「だんだん速く」、「途中でストップ」など変化をつけてみてください。それを見ながら、セラピスト役の人は手拍子をするか、カスタネットをたたくかしてみてください。

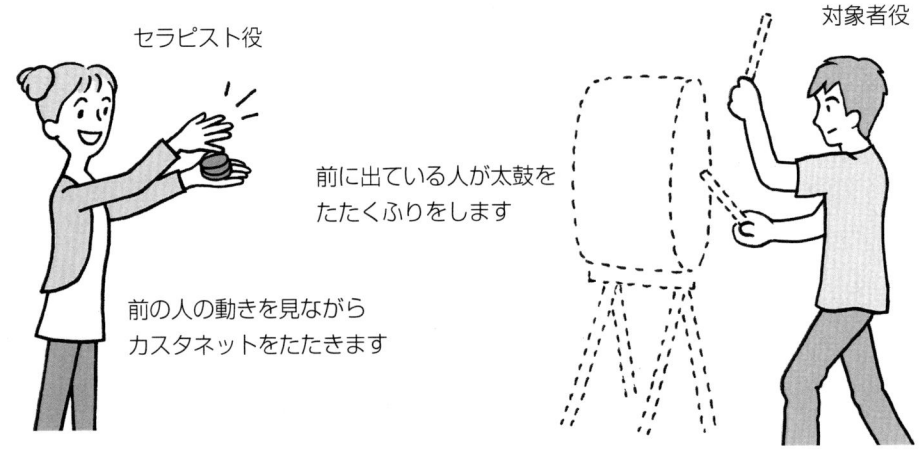

3. 役割を交代して、1〜2を行ってみてください。

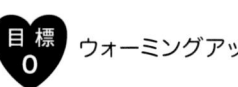

課題 1-2 対象者に合わせるための練習「かえるの合唱」

目標 ◯ ウォーミングアップ

この課題の譜面はとても簡単です。ピアノ経験者には初見で弾けるものです。

ここの目標は「譜面を弾くこと」ではなく、「対象者の出すリズムに合わせて弾くこと」が目標であるため、あえて易しい譜面にしてあります。

方法

1. 2人1組になってください。「セラピスト役」と「対象者役」です。
2. 対象者役になった人は、カスタネットかタンバリンをたたいてください。
3. 対象者役の人は、次のようにテンポを変えてたたいてください。
   ①普通のテンポ → ②速いテンポ → ③ゆっくりしたテンポ
   （1人で練習するときはCD-1のクリック音に合わせてカスタネットをたたいてください。少しずつテンポが変化していっています。変化していくテンポを感じ取りながら合わせてください。）
4. セラピスト役の人は対象者役の人が出すテンポに合わせながら、下の譜面を演奏してください。参考→ CD-2（1人で練習するときはCD-1のクリック音に合わせてこの譜面を弾いてください。）

かえるの合唱　　　　ドイツ民謡

このウォーミングアップの目的は、間違わずに美しく演奏することではありません。対象者のたたく打楽器に合わせてテンポを自在に変化させるような練習をすることです。

即興の大切なところは、対象者がセラピストに合わせるのではなく、セラピストが対象者に添う演奏を行うことです。まず対象者に合わせることができた後、セラピストがリードする演奏に移ります。対象者がたたいている打楽器に合わせ、基本のリズム（拍）を共有し、対象者がテンポを変化させたらそれに合わせてこちらも変化します。

この練習でのピアノの左手は、テンポを刻む打楽器というイメージです。対象者の鳴らす楽器の音に打ち消されないじゅうぶんな音量が必要です。

課題 1-3 対象者に合わせて歌うための練習

2人で行う

目標1 自分が覚えているメロディーは、楽譜がなくても弾けるようになる

　私たちの歌う声も音楽療法では大切な道具です。あえてピアノから離れて対象者のタイミングに合わせながら歌う練習をしましょう。

　2人1組（セラピスト役と対象者役）になってください。対象者役が参加する伴奏に合わせて歌います。歌をつけます。

　（例）対象者役が「D音」、セラピスト役が「G音」のミュージックベルを持ちます。
（逆でもよいが、最初はセラピストがお手本として鳴らしてみせて対象者の演奏を促し、一番最後の音は対象者の音になるようにしたい。…最後の音を担当することで、曲が終わったという達成感をより強く感じてもらうことができるため）

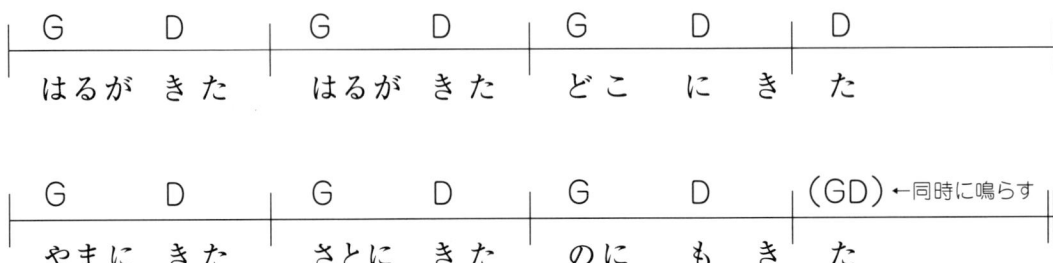

課題 1-4 1度と5度のベルを使って歌う歌を考える

2人で行う

目標2 自分が歌えるメロディーに伴奏がつけられる

　上記の例のように、対象者とセラピストがそれぞれ1音ずつ持って一緒に歌える歌を既成の曲の中から選び、発表してください。曲は、簡単な童謡や唱歌が向いています。

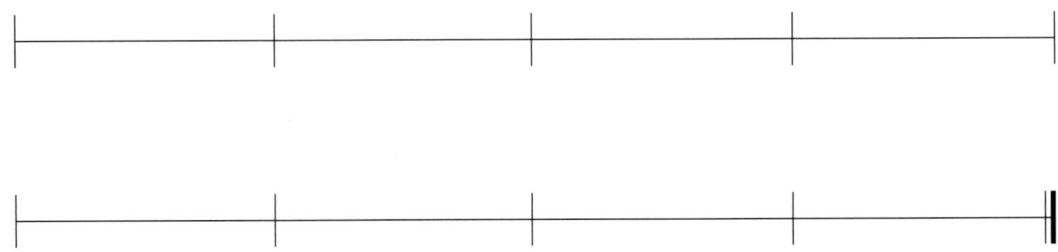

> **ワンポイント**
>
> セラピストと対象者が交代で楽器を鳴らす活動は、音楽療法では
> ①指示に従う
> ②順番を待つ（ルールを覚える）
> といった臨床上の目標を達成するための活動になります。
> 　このベルの活動は、個人セッションの中で、セラピストと対象者が向かい合って行うのに適した活動です。伴奏楽器で複雑な弾き歌いをするよりも、こうした単音のメロディーに合わせて歌いかけることも、対象者に音楽を届けるために必要な技術です。

課題 1-5　さぐり弾き課題①「森のくまさん」

1人でできる

目標1　自分が覚えているメロディーは、楽譜がなくても弾けるようになる

楽譜がなくても、メロディーを知っている曲なら演奏できるように、さぐり弾きの練習をします。
次の歌詞だけを見て、メロディーを演奏してください。

森のくまさん　　詞・曲：アメリカ民謡

ある日　森の中　クマさんに　出会った

花咲く森の道　クマさんに出会った

宿題　さぐり弾き課題「森のくまさん」に和音をつけてきてください。

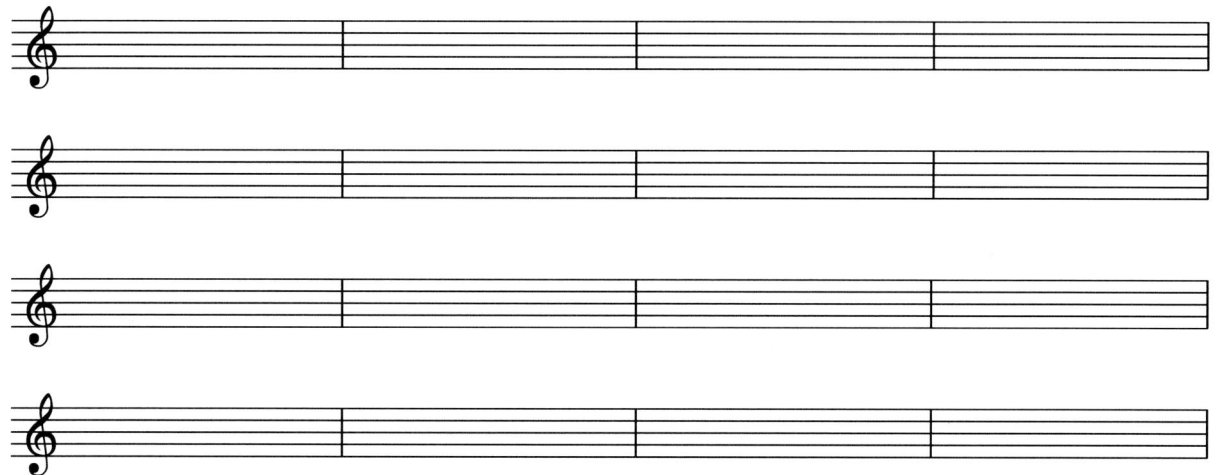

対象者のベルに合わせて歌ってみる

対象者に合わせるための練習(2)

2-1 対象者に合わせるための練習「春が来た」

 ウォーミングアップ

方法

1. 2人1組になってください。「セラピスト役」と「対象者役」です。
2. 対象者役になった人は、カスタネットかタンバリンをたたいてください。
3. 対象者役の人は、次のようにテンポを変えてたたいてください。
   ①普通のテンポ → ②速いテンポ → ③ゆっくりしたテンポ
   (1人で練習するときはCD-1のクリック音に合わせてたたいてください。)
4. セラピスト役の人は対象者役の人が出すテンポに合わせながら、次の譜面を演奏してください。参考→ CD-3(1人で練習するときはCD-1のクリック音に合わせて演奏してください。)

2-2 1度と5度のベルを使って歌う歌を考える ②

 自分が歌えるメロディーに伴奏がつけられる

1度と5度のベルを使って行うと、長調、短調どちらの曲でも使うことができます。

例：「うれしいひなまつり」　　　　　　　　　　　　　　　　　　　　（作詞：サトウハチロー　作曲：河村光陽）

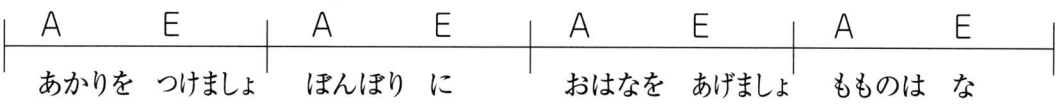

A　　　E	A　　　E	A　　　E	A　　　E
あかりを　つけましょ	ぼんぼり　に	おはなを　あげましょ	もものは　な
A　　　E	A　　　E	A　　　E	A E（AE）
ごにん　ばやしの	ふえたい　こ	きょうは　うれしい	ひなまつ　り

今回は、短調のメロディを使いましょう。
曲を次の中から選び、セラピスト役と対象者役に分かれてベルを演奏しましょう。

1.　荒城の月　　作詞：土井晩翠、作曲：瀧 廉太郎

春高楼の 花の宴 巡る 盃 影さして
千代の松が枝 分け出でし 昔の光 今いずこ

2.　赤いくつ　　作詞：野口雨情、作曲：本居長世

赤い靴　はいてた　女の子
異人さんに　つれられて　行っちゃった

課題 2-3　さぐり弾き課題②「ドラえもんのうた」

目標2　自分が歌えるメロディーに伴奏がつけられる

楽譜がなくても、メロディーを知っている曲なら演奏できるように、さぐり弾きの練習をします。
次の歌詞だけを見て、メロディーを演奏してください。

ドラえもんのうた　　作詞：楠部 工　作曲：菊池俊輔

こんなこといいな　できたらいいな　あんな夢こんな夢　いっぱいあるけど
みんなみんなみんな　かなえてくれる　ふしぎなポッケで　かなえてくれる
空を自由に　とびたいな　「ハイ！タケコプター」
アンアンアン　とってもだいすき　ドラえもん

宿題　さぐり弾き課題「ドラえもんのうた」に和音をつけてきてください。

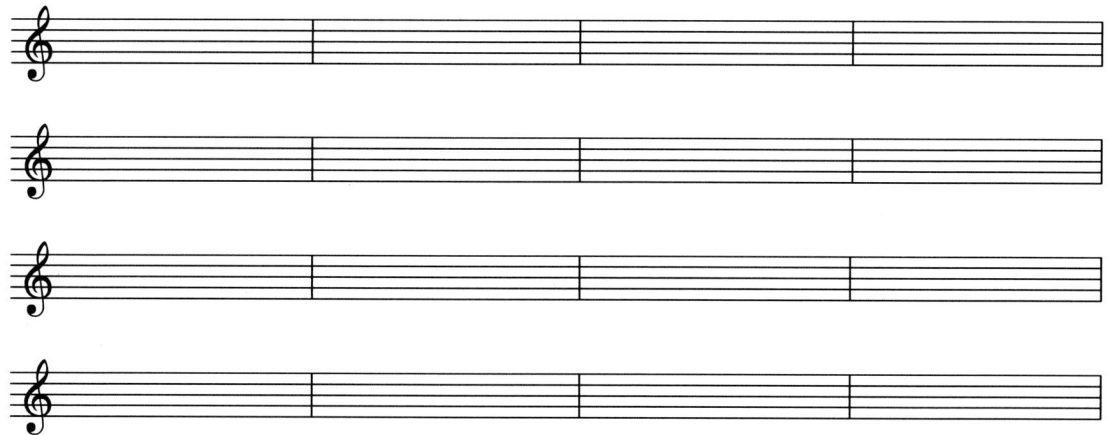

黒鍵だけを使って止まらずに即興を続ける

ペンタトニック 自由に即興演奏をするための練習

> 譜面がなくても即興演奏を続ける練習をしましょう。
> 即興で一番簡単なのはペンタトニックを使う方法です。

　ペンタトニックとは5音階のことで、半音程部分やリーディング・トーン（導音）を持たないことが特徴です。半音程部分を持たないため、音がぶつからず、響きがにごらないので、どの音をどのタイミングで弾いても間違えた感じがしないのです。そのために対象者にとって「自分にもできた！」と感じる「成功体験」を持ちやすく、即興を初めて体験する対象者にも受け入れやすいのです。

　特に今回の「F♯ペンタトニック」はキーボードの黒鍵のみで演奏することができ、見た目にもわかりやすく、対象者との合奏もやりやすくなります（「黒い鍵盤だけを弾いてね」と声をかけて合わせることもできます。）

自由に即興演奏をする練習──F♯ペンタトニックを使って

 目標5　音楽療法の活動目標にそった作曲ができる

方法　左手で、次の譜面の左手パターンを弾きながら、右手でペンタトニックのメロディーを即興で弾く。

　いきなり即興が難しい人は、右の譜面をそのまま繰り返し弾いてください。繰り返し弾いていて、慣れてきたら少しずつ自由にメロディーを変化させてください。

弾いてみてすぐわかるのは、譜面をみて弾くよりも鍵盤の「黒いところ」を弾く方が簡単だということではないでしょうか。

注意点
① 音数を多くしすぎないこと
② 左手と右手の音量バランスに気をつける
（左手を大きくして、リズムとハーモニーを安定させてください）

課題 3-2　ペンタトニックの即興演奏を1分間続ける

目標5 音楽療法の活動目標にそった作曲ができる

　今練習したペンタトニックの即興演奏を止まらずに1分間続けてください。自分が続けようと思えばいつまででも続けられる感覚を養うことが目的です。

　右手のメロディーの音数が多いと演奏は途切れてしまって続きませんので、歌うように息継ぎしながらゆったりとメロディーを演奏してください。テンポはどちらかといえば遅めに設定した方が楽に続けることができます。ペダルを踏んで、豊かに響かせながら演奏してください。

　何を弾いても間違いではないので、多少自分の予想と違う音の並びになっても、**絶対に止まらず弾き直しをしないで**続けてください。演奏の例がCDトラック4に入っています。

課題 3-3 ペンタトニックを使った作曲

1人でできる

 目標5　音楽療法の活動目標にそった作曲ができる

次の歌詞にペンタトニックでメロディーをつけて、両手で伴奏しながら弾き歌いしてください。

> 「〇〇さん　こんにちは。
> おんがくを　はじめましょう」（2回くりかえし）

（〇〇には対象者の名前を入れますが、ここでは自分の名前を入れてください）

以下に作ったメロディーと歌詞を書いてください。

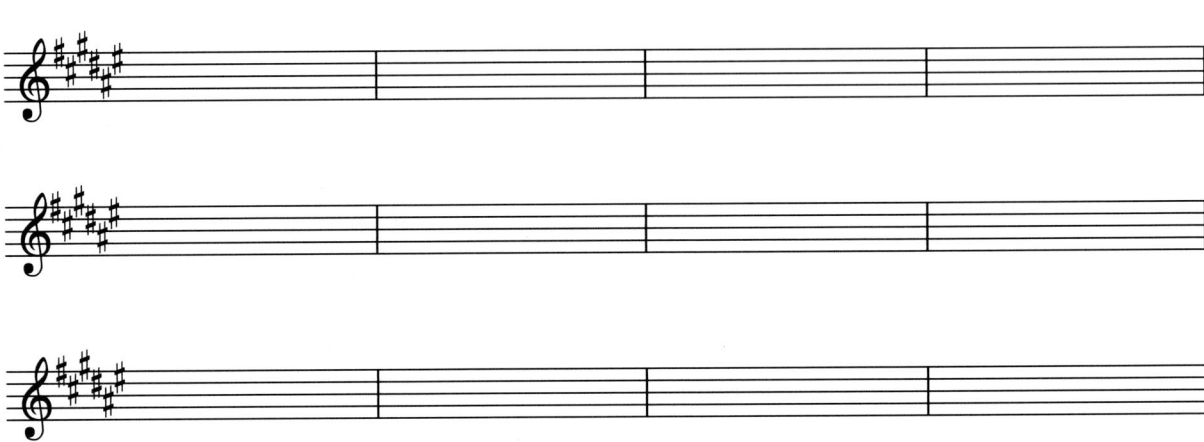

課題 3-4 さぐり弾き課題③「大きな栗の木の下で」

1人でできる

 目標1　自分が覚えているメロディーは、楽譜がなくても弾けるようになる

 目標2　自分が歌えるメロディーに伴奏がつけられる

次の歌詞だけを見て、メロディーを演奏してください。
その次に、和音で伴奏をつけてください。

> **大きな栗の木の下で**　　　　　イギリス民謡
>
> 大きな栗の木の下で　　あなたとわたし
> なかよく遊びましょう　大きな栗の木の下で

4日目 さまざまなペンタトニック

私たちの身近に使われている音階を知る

3日目の課題で使ったペンタトニックは、多種あるペンタトニックのうちのひとつです。

その他にも民族音楽ではさまざまなペンタトニックが用いられています。小泉（1994）は、「日本音楽の基礎理論」の中で、4種の音階を紹介しています。

(小泉文夫 " 日本音楽の基礎理論 "『日本の音』平凡社、1994)

1. **民謡音階**　わらべうたや民謡らしい旋律ができる

2. **都節音階**　箏や三味線の旋律に多い節まわしといわれている

3. **律音階**　雅楽の中の「律」とよばれる音階。「君が代」「越天楽」など

4. **琉球音階**　国内では沖縄にしか存在しないが、台湾、インドネシア、インド、ブータン、チベットなどアジアに広く分布している音階である。

小泉は、テトラコルド（二つの核音にはさまれた音階の枠：通常は完全4度の上下の枠の中に2個の中間音を持つが、日本をはじめとする東アジア、東南アジア、アフリカ等の民族音楽でみられる枠の中には中間音が1個のことが多い）の概念で音階を説明しています。

例：**民謡音階**

CとFの間、GとCの間が4度

また、西洋音楽と異なり、私たち日本人の民族的な音階は絶対的なピッチを持っておらず、上記1～4それぞれの音階が組み合わせて使われることもあります。

ルーツを知る
ペンタトニックが中華風に聴こえるわけ

3日目で練習したF♯ペンタトニックは、「呂（りょ）の五声」と呼ばれる中国系の基本的な音階です。平安時代に、日本人は音階を大きく「律」と「呂」にわけていました。日本風の「律」は、中国の「呂」の基音をずらした変形から作られると考えていました。

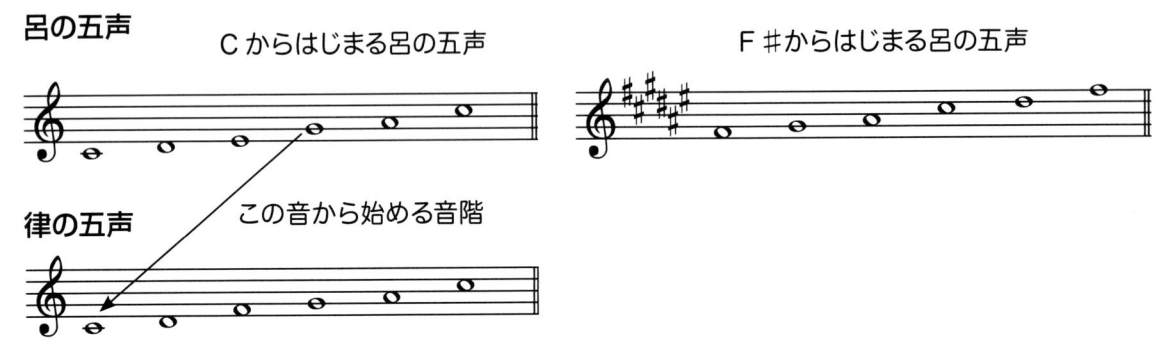

日本の「律」のもとは、中国の「呂」にあり、そしてF♯ペンタトニックは「呂」そのものなので、中華風な響きに感じられるのでしょう。

課題 4-1 さまざまなペンタトニックの曲を演奏する

 目標2 自分が歌えるメロディーに伴奏がつけられる

次のメロディーを演奏して、音階の違いを意識しましょう。それぞれに合う和音を考え、どの和音ならしっくりくるか確かめてみましょう。

1）民謡音階が使われている曲「かごめかごめ」

2）都節音階が使われている曲「うさぎ」

3）律音階が使われている曲「鳩」

4）琉球音階が使われている曲「島唄（サビ部分）」

ヒット曲とペンタトニック

流行りの「和風ロック」の仕組みについて

2012年のカラオケ・ランキング3位（JOY SOUNDによる）に入った「千本桜」は、今回紹介したペンタトニック（民謡音階）を取り入れたメロディーを持ち、今風の音作りの中に和風のテイストを取り入れています。ヒット曲を分析的に聴くと新しい発見があるし、自分が作曲する際にも役に立ちます。

千本桜（サビ部分）

*このようにペンタトニックを他の音階と組み合わせてメロディーを作ることもよくあります。

課題 4-2　ペンタトニックのさぐり弾き課題④

1人でできる

目標1 自分が覚えているメロディーは、楽譜がなくても弾けるようになる

目標2 自分が歌えるメロディーに伴奏がつけられる

次ページのメロディーを探り弾きして、適切な伴奏もつけてください。

1）通りゃんせ 作詞・不詳　本居長世　編・作曲

通りゃんせ　通りゃんせ　ここはどこの細道じゃ

天神様の細道じゃ

ちっと通してくだしゃんせ　御用のないもの通しゃせぬ

この子の七つのお祝いに　お札を納めに参ります

行きはよいよい　帰りはこわい

こわいながらも　通りゃんせ　通りゃんせ

2）あんたがたどこさ 作詞作曲・不詳

あんたがたどこさ 肥後さ 肥後どこさ

熊本さ 熊本どこさ 船場(せんば)さ

船場山には狸(たぬき)がおってさ それを猟師(りょうし)が鉄砲で撃(う)ってさ

煮てさ 焼いてさ 食ってさ

それを木の葉でちょいと隠(かぶ)せ

課題 4-3　ペンタトニックが使われている曲を思い出して弾く

目標1　自分が覚えているメロディーは、楽譜がなくても弾けるようになる

　ペンタトニックは、昔から歌われている手遊び歌や子ども向けの童謡、民謡、歌謡曲などに多く用いられています。ペンタトニックがメロディーに使われている曲を思い出して（部分でもよい）1曲メロディーを弾いてください。

どの調でも使えるように

主要三和音の伴奏づけ（長調）

基本の三和音を学びます。

Key ＝ C（ハ長調）

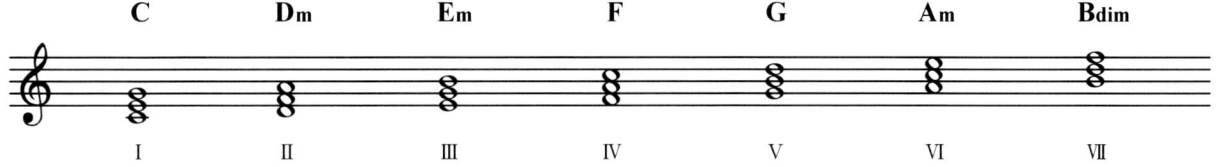

音階上にできるこれらの和音のうち、I（イチ）、IV（ヨン）、V（ゴ）をそれぞれ
トニック、サブドミナント、ドミナントと呼び、主要三和音と呼びます。

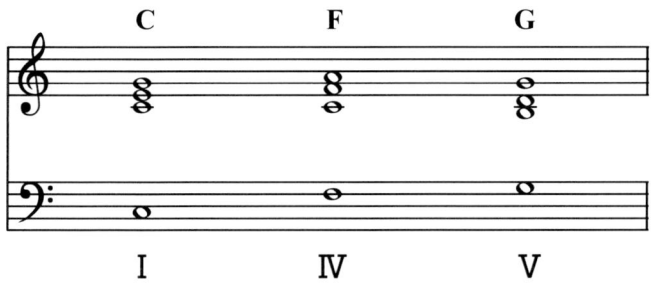

I（イチ）トニック
IV（ヨン）サブドミナント
V（ゴ）　ドミナント

主要三和音それぞれには以下の特徴があります。

> I…根音（ルート、譜例ではC）の上にできているコード。一番大切であり、調を決定する。
>   この音で曲が始まり、終わる場合が多い。
> IV…Iに戻りたいという性質を持つ。代理としてIImも使うことができる。
> V…IVと同様、Iに戻りたいという性質を強く持つ。V7としてもよく使われる。

課題 5-1　主要な調のI－IV－V

目標2　自分が歌えるメロディーに伴奏がつけられる

次の調のI、IV、Vの和音を、①普通にダイアトニックコード、②弾きやすい展開形の2通り書いてください。

例：ハ長調

1）ト長調（Key=G）♯1つ

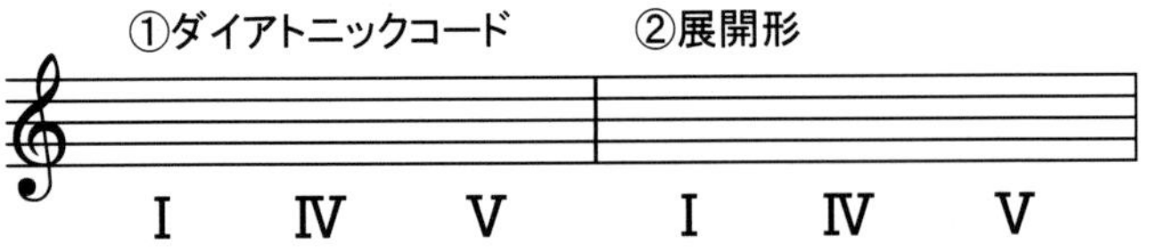

①ダイアトニックコード　②展開形
I　IV　V　I　IV　V

2）ニ長調（Key=D）♯2つ

①ダイアトニックコード　②展開形
I　IV　V　I　IV　V

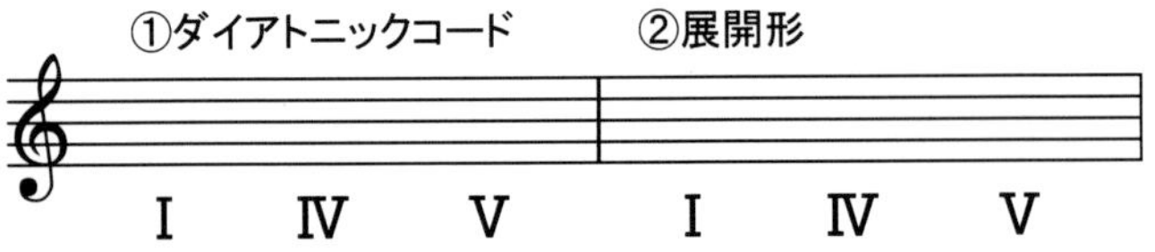

3）イ長調（Key=A）♯3つ

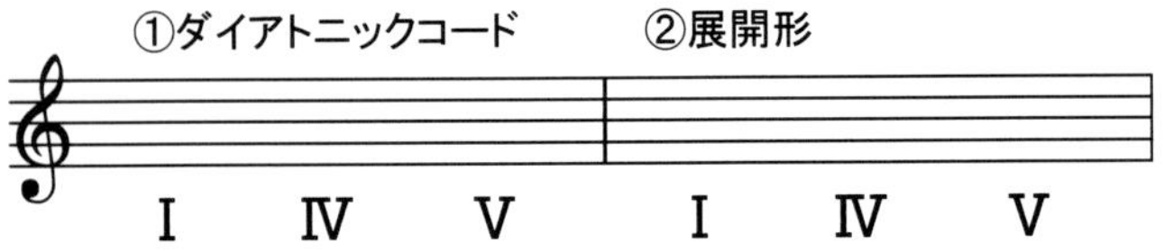

①ダイアトニックコード　②展開形
I　IV　V　I　IV　V

4）ホ長調（Key=E）♯4つ

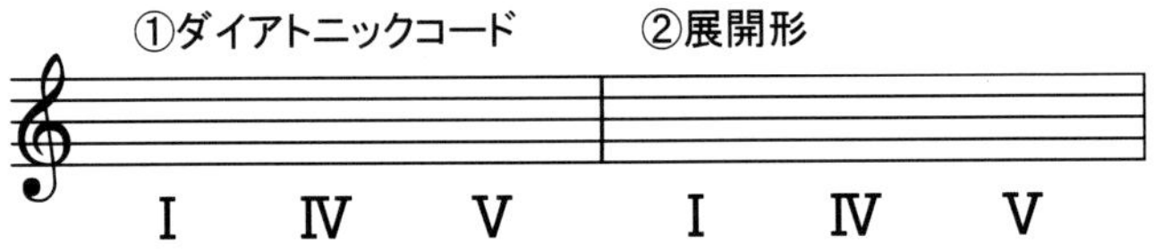

①ダイアトニックコード　②展開形
I　IV　V　I　IV　V

5）ヘ長調（Key=F）♭1つ

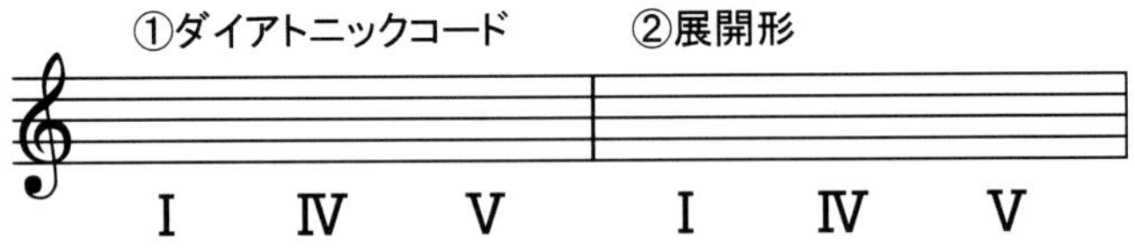

①ダイアトニックコード　②展開形
I　IV　V　I　IV　V

6）変ロ長調（Key=B♭）♭2つ

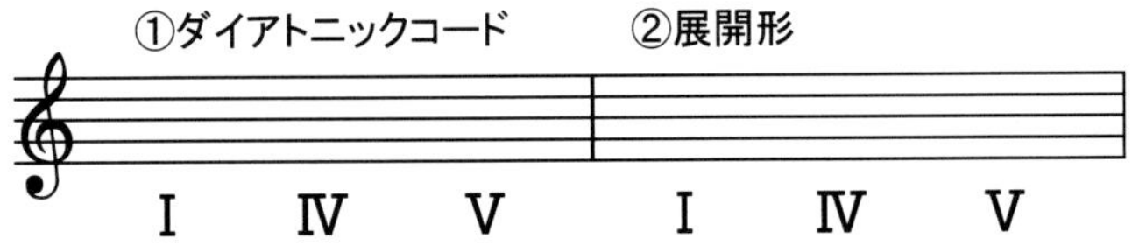

①ダイアトニックコード　②展開形
I　IV　V　I　IV　V

7）変ホ長調（Key=E♭）♭3つ

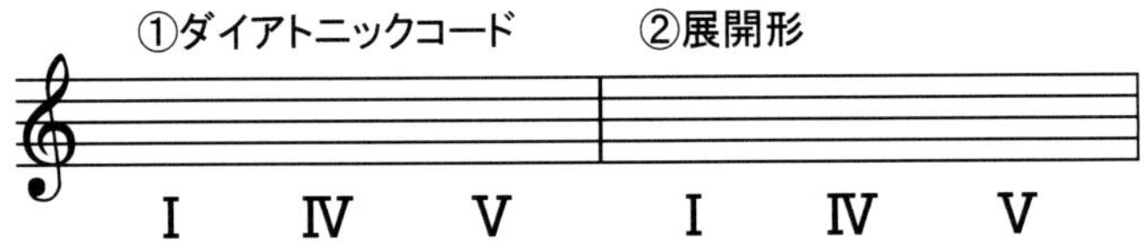

①ダイアトニックコード　②展開形
I　IV　V　I　IV　V

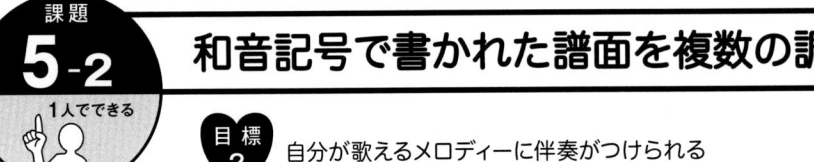

課題 5-2　和音記号で書かれた譜面を複数の調で演奏する

1人でできる

目標2 自分が歌えるメロディーに伴奏がつけられる

以下の譜面を課題5−1で書いたすべての調で演奏してください。

うみ

作詞：林柳波　作曲：井上武士

うみは　ひろいな　おおきいな
つきが　のぼるし　ひがしずむ

短調でも使えるように

主要三和音の伴奏づけ（短調）

短調の主要3和音は以下のとおりです。

例：イ短調
（Key=Am）

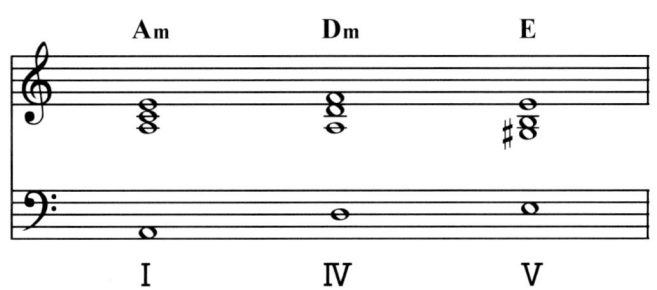

注：短調のⅠとⅣは、マイナーコード（すなわち長調のメジャーコードの真ん中の音である3度が半音下がる）になりますが、Ⅴの和音はメジャーコードです。

課題 6-1 主要な調のⅠ－Ⅳ－Ⅴ

 目標2 自分が歌えるメロディーに伴奏がつけられる

次の調のⅠ、Ⅳ、Ⅴの和音を、①普通にダイアトニックコード、②弾きやすい展開形の2通り書いてください。

1) ホ短調（Key=Em）♯1つ

2) 口短調（Key=Bm）♯2つ

3) 嬰ヘ短調（Key=F♯m）♯3つ

4) ニ短調（Key=Dm）♭1つ

5) ト短調（Key=Gm）♭2つ

6) ハ短調（Key=Cm）♭3つ

7) ヘ短調（Key=Fm）♭4つ

 **和音記号で書かれた譜面を複数の調で演奏する**

 自分が歌えるメロディーに伴奏がつけられる

以下の譜面を課題6－1で書いたすべての調で演奏してください。

四季の歌

作詞・作曲　荒木とよひさ

7日目 主要三和音の即興的な用い方

対象者に演奏の終わりを促すやり方—1

> 臨床的即興で主要三和音を効果的に用いることができます

基本の三和音を、臨床的即興で用いることができます。

和音のもつそれぞれの特性（Ⅰの和音に戻ると終わりの印象がある、ⅣやⅤはⅠに移ろうとする動きが感じられる和音であるなど）を利用して、対象者に「そろそろ演奏を終わろう」というメッセージを伝えることができます。これは、リタルダンド（だんだんゆっくり）と併用することでさらに強いメッセージとなります。

対象者にとって「セラピストと一緒に演奏を終えることができる」ことが、大切な臨床的目標となることがあります。

知的障害のある人や、認知症が進んだ人は、演奏を始めることができても終わりを感じて止めることができないことがあります。周りの音や合図に注意を向けることが難しい場合に、「演奏が止まらない」という行動としてあらわれることが多いのです。そんな時に、和音の持つ特性と、リタルダンドによってセラピストが「さあ、もう一緒に終わろう」というメッセージを伝え、一緒に演奏を終えることができたなら、それも対象者にとっては成功体験となり、ひとつの音楽をやり終えた満足感や達成感、安心感を得ることにつながるのです。

課題 7-1 主要三和音で一緒に演奏を終わる練習（Key＝C）

 目標5 音楽療法の活動目標にそった作曲ができる

方法

1. 2人1組になってください。セラピスト役と対象者役です。2人並んで1台のキーボードに向かいます。
2. 対象者役になった人は白い鍵盤をどれでもよいので両手の人差し指を出してアトランダムに弾いてください。
3. セラピスト役の人は次ページの譜面を弾いてください。重要なのは終わり方です。ただリズムに合わせてさっと終わるのではなく、**最後の1小節は充分にリタルダンドして、顔を見合わせるようにして合図を送りながら一緒に終わってください。**
（演奏例がトラック5に入っています。）

臨床で用いるリタルダンドは、普通のさりげないリタルダンドよりもさらに強烈で極端なものです。あえて文字で表現すれば、
だんだんだんだんだーーんだーーんーーーーだーーーーーーーーーんーーーーーーーーーーーーーーーー、というような極端なリタルダンドです。

しかし臨床の現場では、音の変化だけで音楽の終わりに気づいてもらうのは難しいことが多いので、最初は対象者の名前を呼びながら、「○○さん、そろそろ終わりますよ！」などと声かけをしながら一緒に終わるほうがわかりやすいときもあります。それから徐々に音だけの合図に切り替えてゆくと、対象者はより注意深く音楽の変化に耳を澄ますようになってきます。こうした段階を踏んだ働きかけを心がけることで、より対象者の状態にそった活動ができます。

 ## 主要三和音で一緒に演奏を終わる練習（Key＝C）

 目標5　音楽療法の活動目標にそった作曲ができる

次の曲で、課題7-①で行ったように終わる間際に対象者に合図を送り、一緒に終われるような伴奏をしてください。対象者役とセラピスト役を決め、セラピスト役の人が次の譜面を演奏してください。

日の丸の旗

作詞：高野 辰之　作曲：岡野 貞一

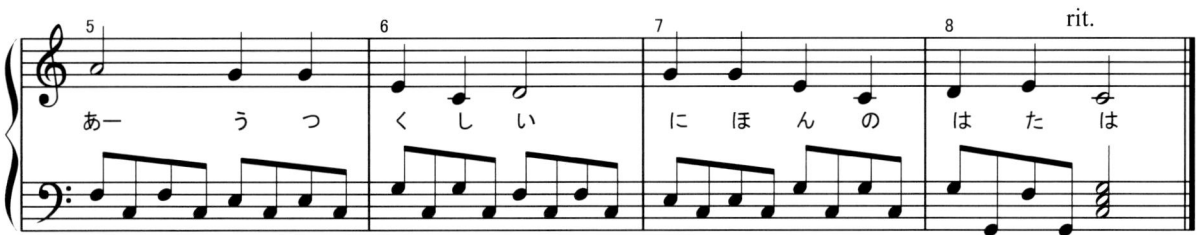

 **既成曲で一緒に演奏を終わる練習（さぐり弾き課題⑤）**

 目標2　自分が歌えるメロディーに伴奏がつけられる

 目標5　音楽療法の活動目標にそった作曲ができる

　これまで行ったような伴奏の形で、次の曲をさぐり弾きで演奏してください。演奏例がトラック6に入っています。　CD6

---

1) きらきら星　訳詞：武鹿悦子　フランス民謡

きらきら光る　夜空の星よ　まばたきしては　みんなを見てる
きらきら光る　夜空の星よ

---

2) お正月　作詞：東 くめ、作曲：滝 廉太郎

もういくつ寝ると　お正月
お正月には　凧（たこ）あげて　コマを回して　遊びましょう
早く来い来い　お正月

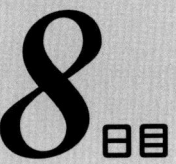日目 対象者に演奏の終わりを促すやり方—2

主要三和音で一緒に演奏を終わる練習
（Key＝F♯）

セラピストにとっては難しい調になりますが、
対象者は黒い鍵盤だけを弾けばよいので教示がしやすい方法です。

黒鍵三和音　　　Ⅰ　　　Ⅳ　　　Ⅴ　　　左手の伴奏形
　　　　　　　F♯　　BM7　　C♯　　　　Ⅰ　　Ⅳ　　Ⅴ

課題 8-1　黒鍵を使った伴奏の練習

目標5　音楽療法の活動目標にそった作曲ができる

方法

1. 2人1組になってください。セラピスト役と対象者役です。2人並んで1台のキーボードに向かいます。
2. 対象者役になった人は黒い鍵盤をどれでもよいので両手の人差し指を出してアトランダムに弾いてください。
3. セラピスト役の人は次ページの譜面を弾いてください。重要なのは終わり方です。ただリズムに合わせてさっと終わるのではなく、**最後の1小節は充分にリタルダンドして、顔を見合わせるようにして合図を送りながら一緒に終わってください。**

（対象者役）高音側　　　　（セラピスト役）低音側

1）ぞうさん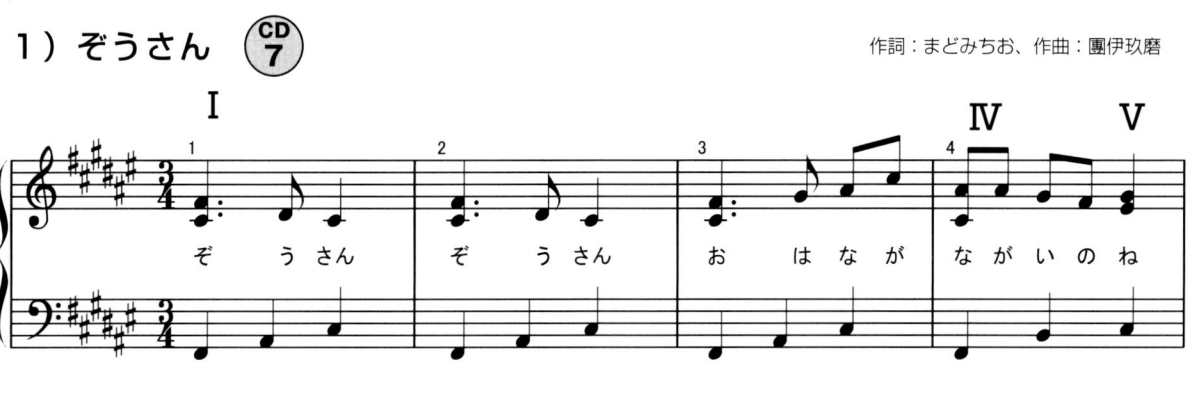

作詞：まどみちお、作曲：團伊玖磨

2）即興的伴奏の例

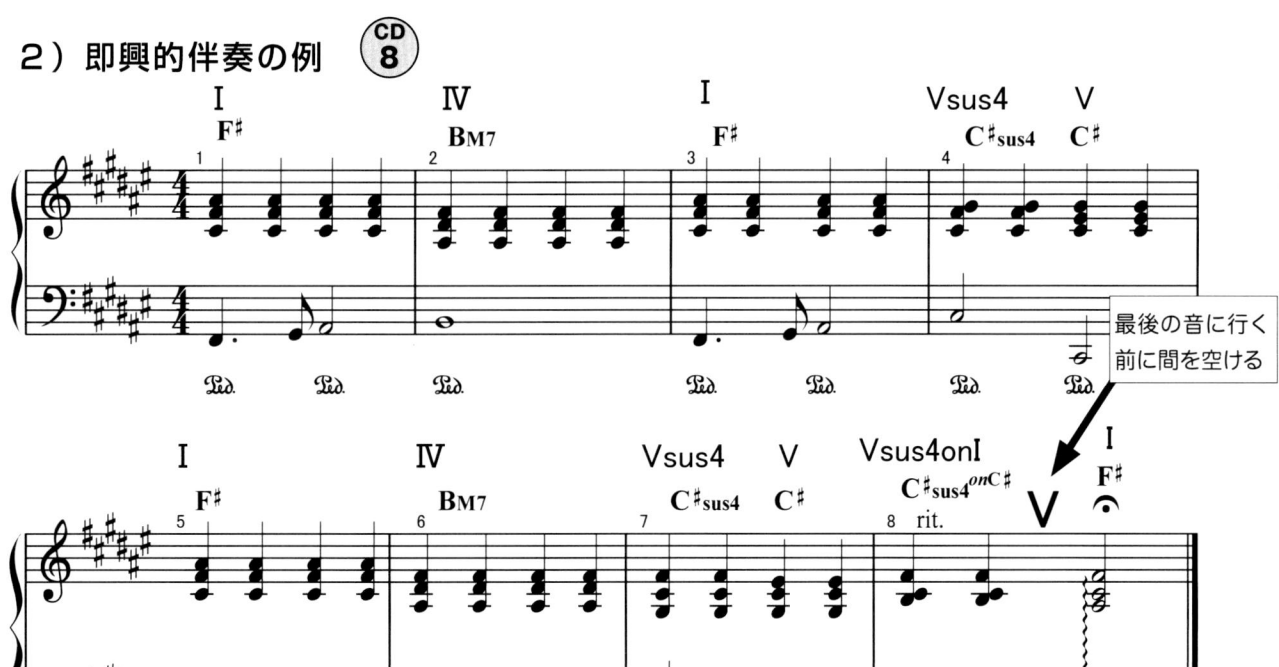

最後の音に行く前に間を空ける

座る位置　対象者と並んでピアノやキーボードを演奏するとき、必ずセラピストが向かって左側（低音側）、対象者が右側（高音側）に座ります。

　セラピストが低音側に座ることで、演奏のベース音や和音を担当できるため、演奏の主導権を持つことができます。しかしこれは演奏を常にセラピストがリードするという意味ではなく、<u>演奏の終結やテンポキープなど、支援すべき場所で主導権を持つ</u>ということです。

> **対象者しだい**

既成曲と即興の使い分けと併用について

既成曲の良いところは、枠がはっきりしていてわかりやすいこと、対象者の好きな曲を使うと動機づけが高まることですが、その半面、枠を超える活動がやりづらいという欠点があります。

即興は、対象者が途中で終わったり活動が伸びたりしたときに対応しやすいというメリットがありますが、枠がはっきりしないため、対象者が不安になることがあります。

どちらを使うか選ぶこともできますが、既成曲を即興的に使い、一番を歌った後で途中の間奏部分を即興的に行い、また既成の歌に戻るというやりかたもあります。p.96の「こきりこ節」(CD-44)で、中間部分に即興をはさんで、再び「こきりこ節」に戻るパターンを紹介しました。中間部分の即興は、対象者との活動場面しだいでどのようにも変化させることができます。

柔軟に考えてそれぞれの良いところを対象者に合わせて使いましょう。

課題 8-2 アレンジした伴奏「夕焼け小焼け」

 目標5 音楽療法の活動目標にそった作曲ができる

次の譜面は童謡「夕焼け小焼け」を、対象者が黒鍵を弾いているだけで演奏できるようにアレンジしたものです。

対象者と2人で1台のキーボードに向かって対象者が黒鍵を弾いてもいいし、ミュージックベルやトーンチャイムの黒鍵部分を持ったグループと合奏（どこのタイミングで音を鳴らしても間違って聴こえません）もできます。

9日目 基本拍を促す伴奏 ① 既製曲の基本拍

音楽持続の要となる基本拍

> 対象者が基本拍（Basic Beat または Steady Beat）を演奏できるかどうかは、臨床的即興を行う場合にまずセラピストが観察しなければならない大切なポイントです。

集中を持続できる時間が短い対象者の場合、基本拍が定まらず、途中で演奏が断続的に途切れます。セラピストが、基本拍を持続できるようにセッションの中で支援することで、対象者はより長い時間、集中を切らさずに音楽活動にかかわることができるようになります。ここでは、基本拍を促すような伴奏とアレンジについて練習します。

課題 9-1 基本拍を促す伴奏にアレンジ「さんぽ」

 目標4 基本拍を促す伴奏ができる

CD-10 を聴き、その基本拍に合わせながら、次の譜面を演奏してみてください。（基本拍のみ）

さんぽ　作詞　中川李枝子／作曲　久石 譲／アレンジ　菅田文子

演奏してみてわかるように、左手の音域を低めにとり、1拍ごとのリズムをユニゾンで強調する伴奏になっています。対象者が打楽器を演奏するときにこういった伴奏をすることで、ふらついたり途切れたりしがちな対象者のリズムを整え、支えることができます。

 基本拍を促す伴奏にアレンジ「幸せなら手をたたこう」

目標4　基本拍を促す伴奏ができる

次の譜面を演奏してみてください。

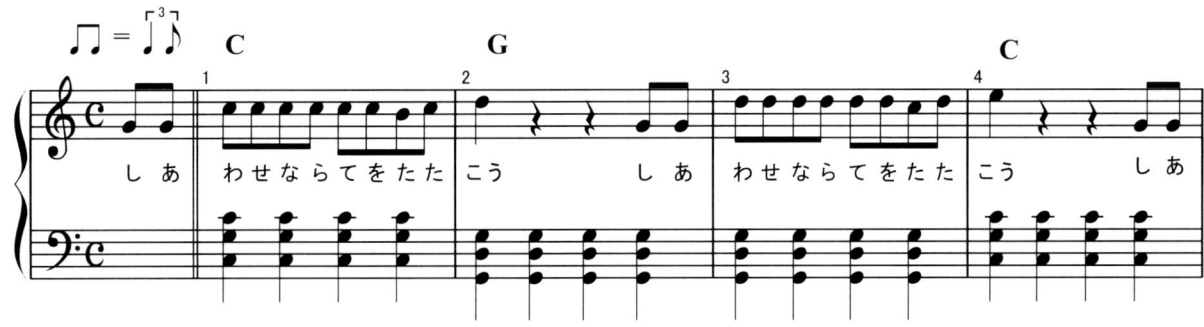
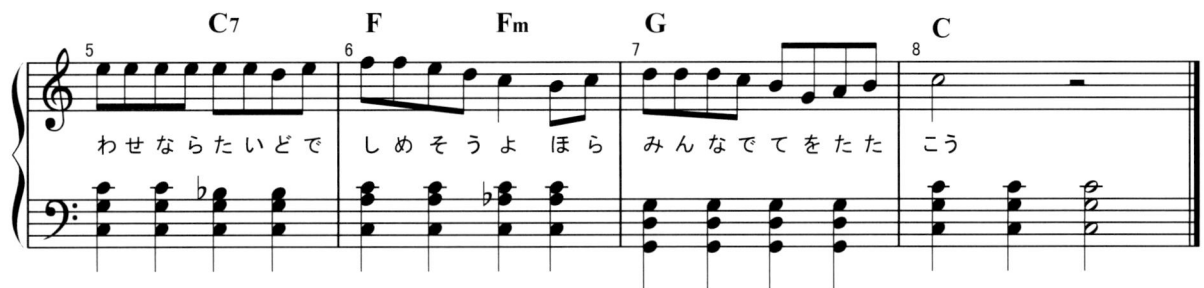

このように、右手でメロディーを弾きながら左手で和音を弾くこともできます。このときも、左手が軽くなりすぎないように、一定の規則的なリズムを刻みながら低い音域を使うように心がけてください。

左手の和音は上記の例のように、1度と5度の積み方をすることによりすっきりと響きます。

課題 9-3 基本拍を促す伴奏に既成曲をアレンジ

目標4 基本拍を促す伴奏ができる

　各自で既成の曲を1曲選び、課題9-1で演奏したような1拍を強調するような伴奏にアレンジしてください。

曲名：＿＿＿＿＿＿＿＿＿＿＿＿＿＿＿＿＿

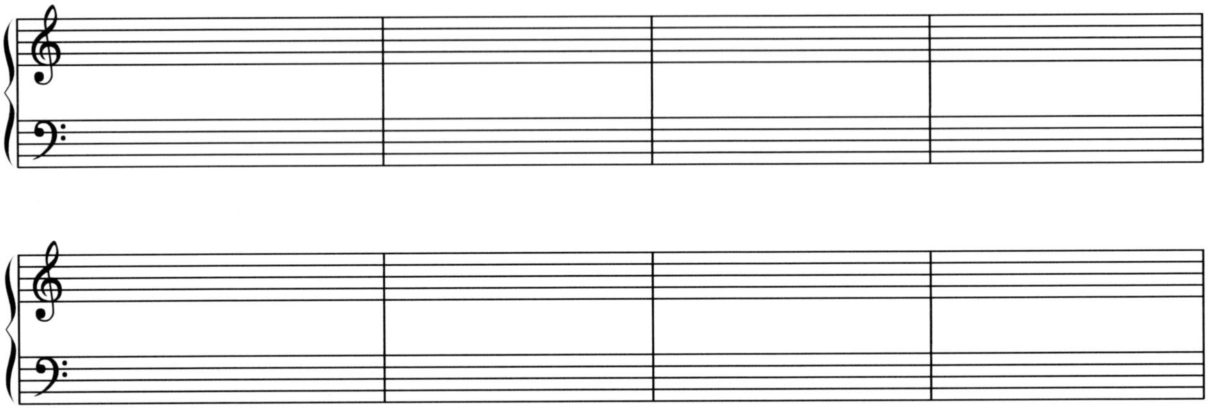

課題 9-3 さぐり弾き課題⑥「子ぎつね」

目標4 基本拍を促す伴奏ができる

課題9-2のように基本拍を促す伴奏で以下の曲をヘ長調とニ長調で演奏してください。

子ぎつね　日本語詞：勝承夫　ドイツ曲

小狐（こぎつね）　コンコン　山の中　山の中
草の実　つぶして　お化粧（けしょう）したり
もみじの　かんざし　つげのくし

10日目 基本拍を促す伴奏 ② 太鼓とピアノの即興

ピアノで基本拍をで提示し、対象者を支える

CD 12

課題 10-1 太鼓とピアノの即興練習

2人で行う

目標4 基本拍を促す伴奏ができる

方法

1. 2人1組になってください。セラピスト役と対象者役です。
2. 対象者役になった人から太鼓をバチでたたきはじめます。
3. セラピスト役の人は次の譜面を対象者のリズムに合わせて弾いてください。
   （ダンパーペダルは踏みません。太鼓と同質の音を出すように心がけます）
4. 曲の終わりは、セラピスト役が主導権を持ちます。十分にリタルダンドして、対象者役の人と目を合わせて合図を送り、一緒に終えてください。

課題 10-2 太鼓とピアノの即興・作曲

2人で行う

目標5 音楽療法の活動目標にそった作曲ができる

10-1の例のような形で、次は即興で太鼓とピアノで基本拍を促す12小節以上の即興演奏をしてください。

> **ワンポイント**
>
> 即興演奏が苦手なのはみんな同じです。特にお年寄りは、楽器に触ることすら「できませんから…」と遠慮されることも多いです。抵抗なく楽器演奏を楽しんでいただくために、「やってみたら意外と楽しかったし、できた」という体験を提供するのは音楽療法セッションの初期にはとても大切なことです。

課題 10-3 コード付け課題①「宇宙戦艦ヤマト」

目標2: 自分が歌えるメロディーに伴奏がつけられる

宇宙戦艦ヤマト　CD12

作詞：阿久 悠　作曲：宮川 泰

10日目　基本拍を促す伴奏② 太鼓とピアノの即興

11日目 基本拍を促す伴奏 ③ 太鼓とピアノの即興、応用

休符を入れて、音への気づきを促す

2人1組となって、対象者役（太鼓）とセラピスト役（ピアノ）で行います。
この課題では、時々セラピストが基本拍の流れの中に休符をとり、緊張感のある間（ま）を作ることで、対象者役の人に、自分が出している音への気づきをより促すことが目的です。

課題 11-1 太鼓とピアノの即興、応用練習

2人で行う

目標4 基本拍を促す伴奏ができる

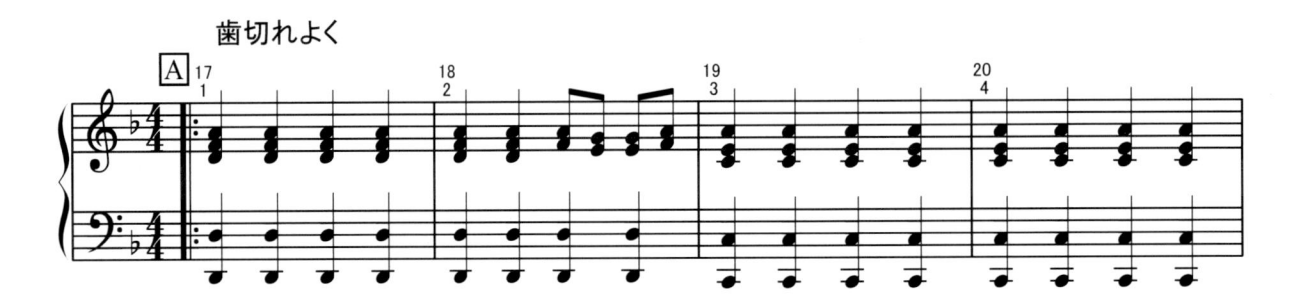

歯切れよく

最初の16小節で対象者の基本拍を安定させる

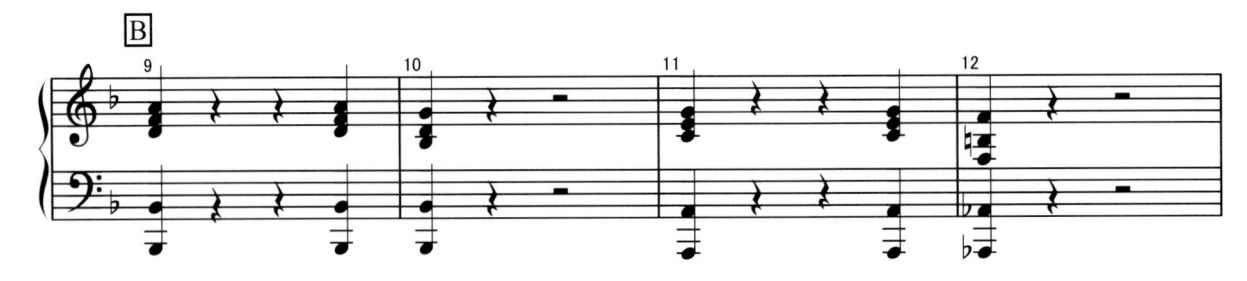

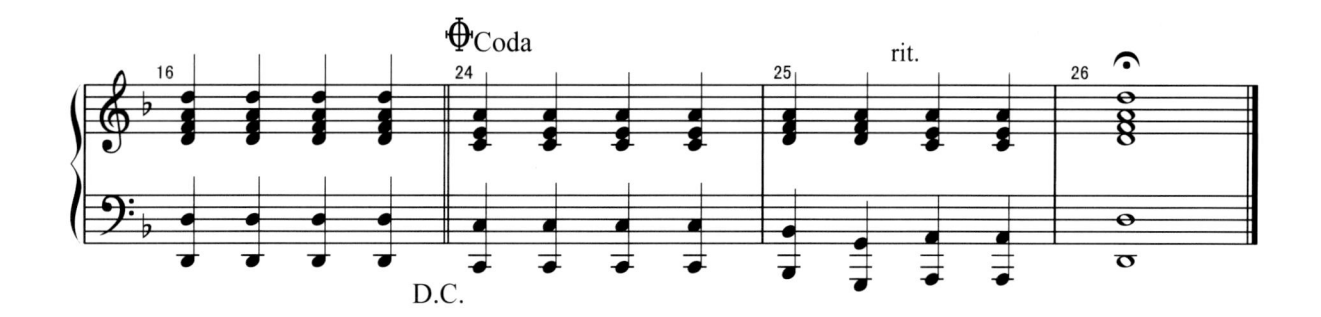

課題 11-2 太鼓とピアノの即興・作曲

2人で行う

目標5 音楽療法の活動目標にそった作曲ができる

　課題 11-1 の例を参考にしながら、太鼓とピアノで基本拍を促す 12 小節以上の即興演奏をしてください。演奏の途中で拍の間（ま）を空けて対象者の気づきを促す介入を入れてください。

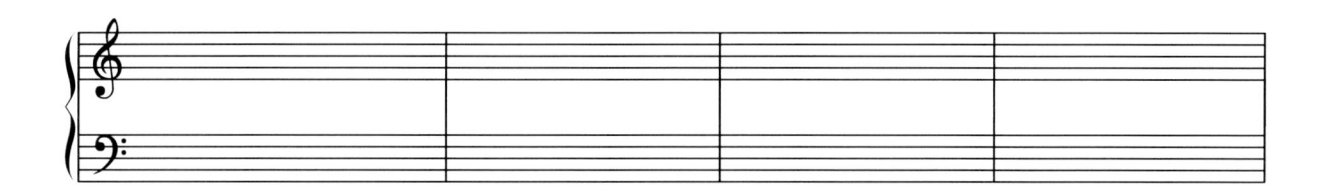

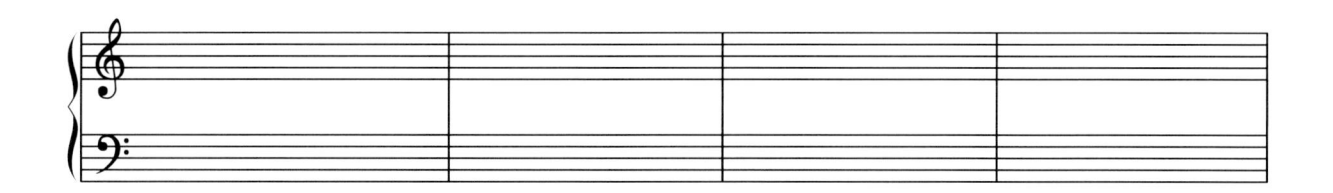

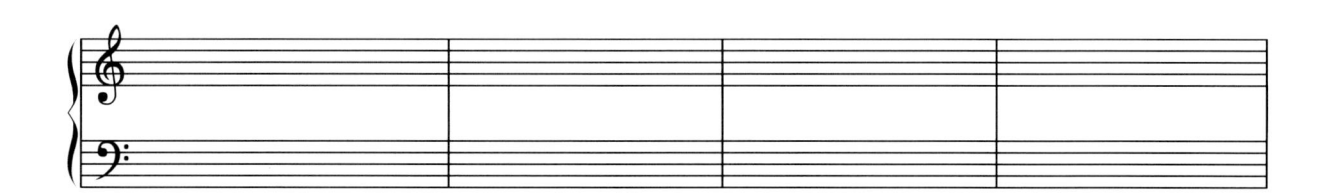

課題 11-3 コード付け課題②「勇気りんりん」

1人でできる

目標2 自分が歌えるメロディーに伴奏がつけられる

勇気りんりん

作詞 やなせたかし　作曲 三木たかし

12日目 基本拍を促す伴奏④ 太鼓とピアノのテンポ変化

テンポを変化させ、対象者の反応を引き出す

CD 13

課題 12-1 太鼓とピアノのテンポ変化

2人で行う

目標4 基本拍を促す伴奏ができる

　この課題は、これまでの課題を繰り返すことによって基本拍が安定してきた対象者を想定しています。前の課題と同様に対象者役（太鼓）とセラピスト役（ピアノ）の2人一組で行います。
　ここでは、セラピストがより主導権を持つ形を取り、途中でセラピストがテンポを速くしたり、遅くしたりして、対象者に音楽中のテンポの変化を感じてもらい、たたいてもらうことが目的となります。これまでと同様、終結の前に十分にリタルダンドしてください。

（次ページへ続く）

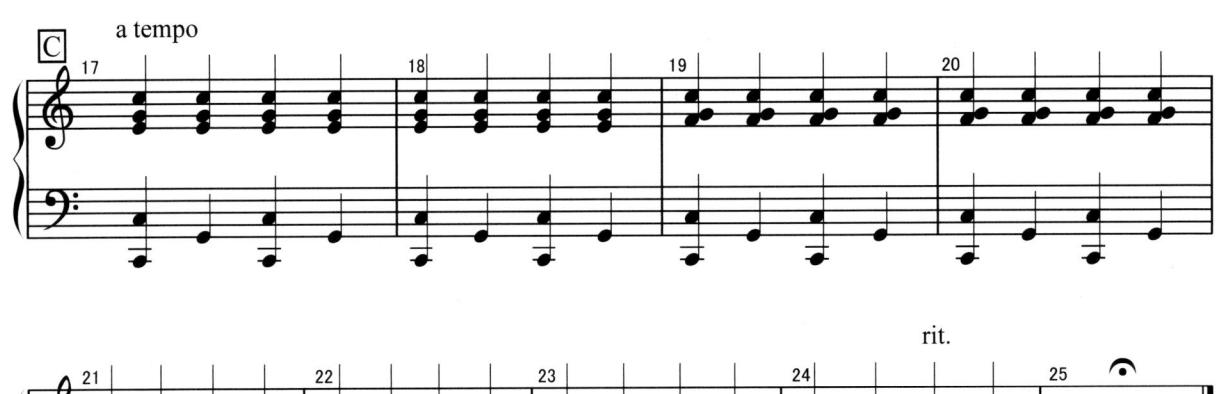

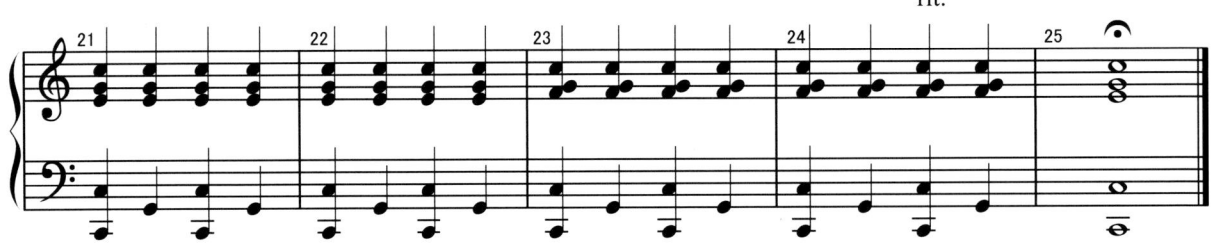

課題 12-2 太鼓とピアノの即興・作曲
（2人で行う）

目標 4 基本拍を促す伴奏ができる　**目標 5** 音楽療法の活動目標にそった作曲ができる

12-1の例のような形で、次は即興で太鼓とピアノでテンポ変化を促す12小節以上の即興演奏をしてください。

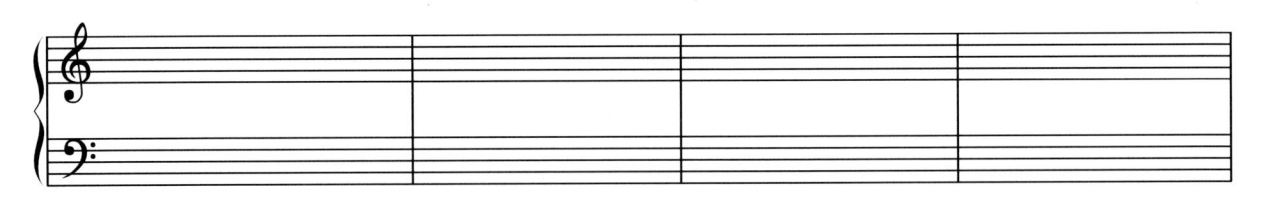

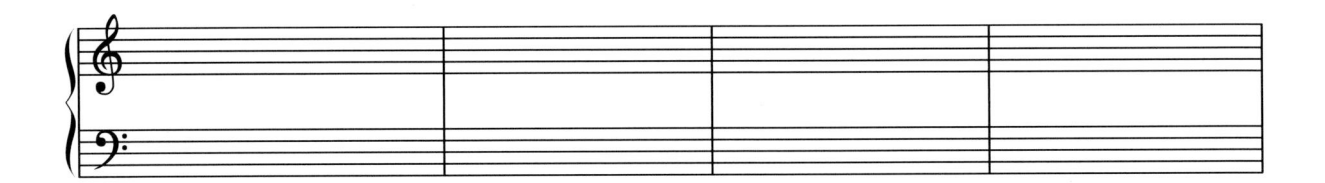

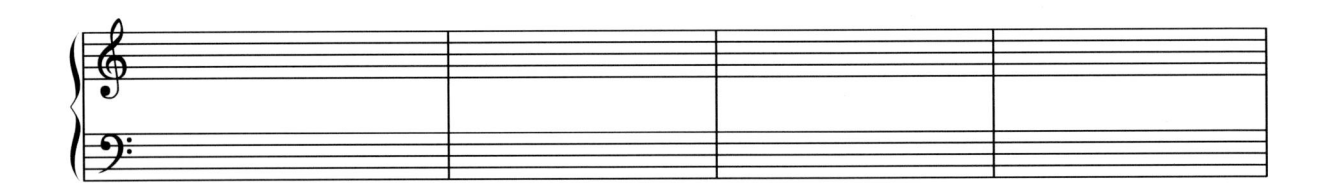

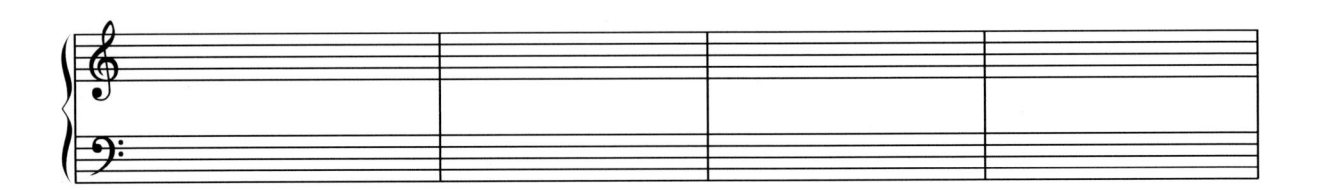

テンポを合わせるということ

　一般に、2人で歌うデュエットや連弾、合唱や合奏など、複数で行う音楽において、テンポが合い、呼吸が合って音楽で一体になったと感じられる体験では、大きな快感や充足感がもたらされます。

　音楽療法においても、ピアノを弾くセラピスト役が、太鼓をたたく対象者役と同じテンポおよびダイナミクスで一緒に演奏することによって、対象者役の人は「自分のことをわかってもらっている」「受け入れられている」と感じ、そうした安心感や受容されているという感覚を伴った音楽体験を心地よいものだと感じていることが報告されています（菅田文子、伊藤孝子「臨床的設定における即興演奏体験 - 健常学生を対象とした試み（その1: 音楽療法専攻学生）-」日本音楽療法学会誌7巻1号、52 - 61.）。

　筆者はこれを、「治療」というプロセスに必要な6つの条件の1つ **「治療者のクライエントへの無条件の肯定的関心と共感を、クライエントが知覚すること」**（心理学者カール・ロジャーズによる）に通じるものと考えます。

　なおこの逆、対象者役の演奏したいテンポにセラピスト役が違うテンポで合わせた場合、対象者役は「いやだったと感じた」という結果が得られています。まず最初は、対象者役の出す音をよく聴き、注意深く合わせてゆくことが大切です。

課題 12-3　コード付け課題③「鉄道唱歌」

目標2　自分が歌えるメロディーに伴奏がつけられる

まずこのメロディーにそのままコードをつけ、それを長2度下げて、ヘ長調で弾いてください。

鉄道唱歌　CD 13

作詞　大和田建樹　作曲　多 梅雅

（1-4小節）きてきいっせいしんばしを
（5-8小節）はやわがきしゃはーはなれたり
（9-12小節）あたごのやーまにいりのこる
（13-16小節）つーきをたびじのとーもとして

13日目 基本拍を促す伴奏⑤ 太鼓、シンバルとピアノの即興課題

対象者の演奏に呼応しながら、主導権をとる

CD 14

課題 13-1 太鼓・シンバル・ピアノの即興課題

2人で行う

目標5 音楽療法の活動目標にそった作曲ができる

　対象者の楽器に、太鼓だけではなくシンバルも加えます。セラピスト役の人は、対象者役が太鼓をたたいたときの伴奏と、シンバルをたたいたときの伴奏を弾き分けます。右ページの例を使用してください。

1. **対象者役が太鼓をたたいているとき**
   最初の4小節を繰り返し演奏します。

2. **対象者役がシンバルをたたいたとき**
   このときセラピスト役は、シンバルの音の大きさに合わせて、ピアノのダンパーペダルを踏み込んだまま手をパーに広げて鍵盤をたたいてください。ハーモニーではなく、音の塊を出すという感じです。

   ダーンと音の塊を出すように、打楽器として鍵盤を鳴らし、ペダルで音を響かせます。

3. **対象者役が太鼓に戻ると、すぐに太鼓に合わせた演奏を再開します。**
   これらを繰り返します。

　シンバルの音量とピアノの音域を対応させましょう。シンバルが小さく鳴ったときは高い音域で、大きく鳴ったときは低い音域で演奏してみてください。
　太鼓を入れた課題を演奏する前に、シンバルとピアノだけでタイミングと音域、音量を合わせる練習をしましょう。

ワンポイント

セラピスト役は対象者役の人のタイミングにぴったり合わせて演奏しますが、最後のリタルダンドでは主導権を持ち、クライエント役の人と目を合わせて合図を送り、同時に演奏を終えてください。

太鼓をたたき続けている間はピアノはこの4小節パターンを繰り返す

対象者役の人がシンバルをたたいたら同じタイミングで、手のひらで鍵盤をたたく

対象者役の人が太鼓に戻ったらセラピスト役の人は最初のパターンに戻る

終わりの雰囲気を伝える（目を見る）

　セラピスト役にとって、対象者に合わせるところと、自制して演奏するところと、2つの側面を練習する課題です。鍵盤をたたくときにはつい興奮して相手の反応を見失ってしまいがちですが「合わせつつも様子を見る」ことを心がけてください。

課題 13-2　コード付け課題④「あたしンちエンディング」

1人でできる

目標2 自分が歌えるメロディーに伴奏がつけられる

あたしンちエンディング（威風堂々）

作曲：エドワード・エルガー

課題 13-4　さぐり弾き課題 ⑦「サザエさん」

1人でできる

目標1 自分が覚えているメロディーは、楽譜がなくても弾けるようになる

目標2 自分が歌えるメロディーに伴奏がつけられる

以下の曲にコードを付けて演奏してください。 CD 14

サザエさん　　作詞：林春生　作曲：筒見京平

おさかなくわえたドラねこ　おっかけて　はだしでかけてく　陽気なサザエさん
みんなが笑ってる　お日さまも笑ってる　ルルルルルッルー　きょうもいい天気

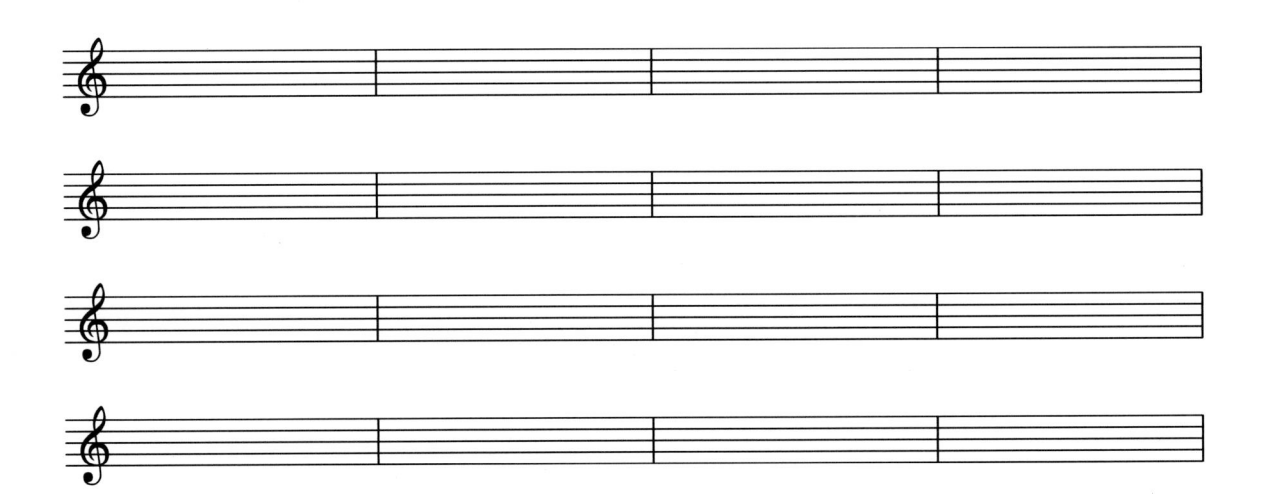

14日目 さまざまな伴奏パターンを学ぶ① 民謡

左手の持続リズムをしっかりと

CD 15

> 対象者が歌いやすい伴奏を提供できることは音楽療法で必要な技術です。
> この項では既成の曲を使って、典型的な伴奏パターンをいくつか練習します。

課題 14-1 民謡の伴奏パターン「ソーラン節」

1人でできる

目標 2　自分が歌えるメロディーに伴奏がつけられる

　次の譜面を演奏してみましょう（一番上は参考に載せたメロディのCメロ譜です。実際はその下のピアノ譜を演奏してください。譜面が難しくて弾きにくいときは、一番上の段と一番下の段を合わせて弾いてください）。民謡はもともと西洋音階で作られていないので、和音をシンプルにして、コード進行もできるだけ動きがないほうがしっくりします。

課題 14-2 民謡の伴奏パターンの作成

1人でできる

目標2 自分が歌えるメロディーに伴奏がつけられる

次の民謡風メロディーとコードネームに合わせた伴奏を書き、演奏してください。

民謡伴奏課題 -1

民謡伴奏課題 -2

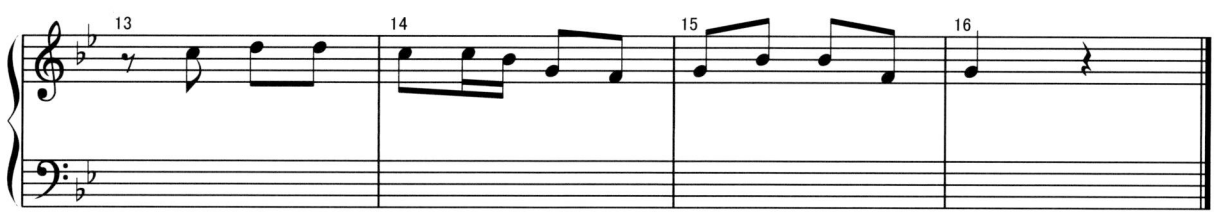

課題 14-3 さぐり弾き課題⑧「翼をください」

1人でできる

目標2 自分が歌えるメロディーに伴奏がつけられる

以下の曲にコードを付けて演奏してください。 CD 15

翼をください
作詞：山上路夫　作曲：村井邦彦

いま　私の　願い事が　かなうならば　翼がほしい
この　背中に　鳥のような　白い翼　つけてください
この大空に　翼を広げ　飛んでゆきたいよ
悲しみのない　自由な空に　翼はためかせ　ゆきたい

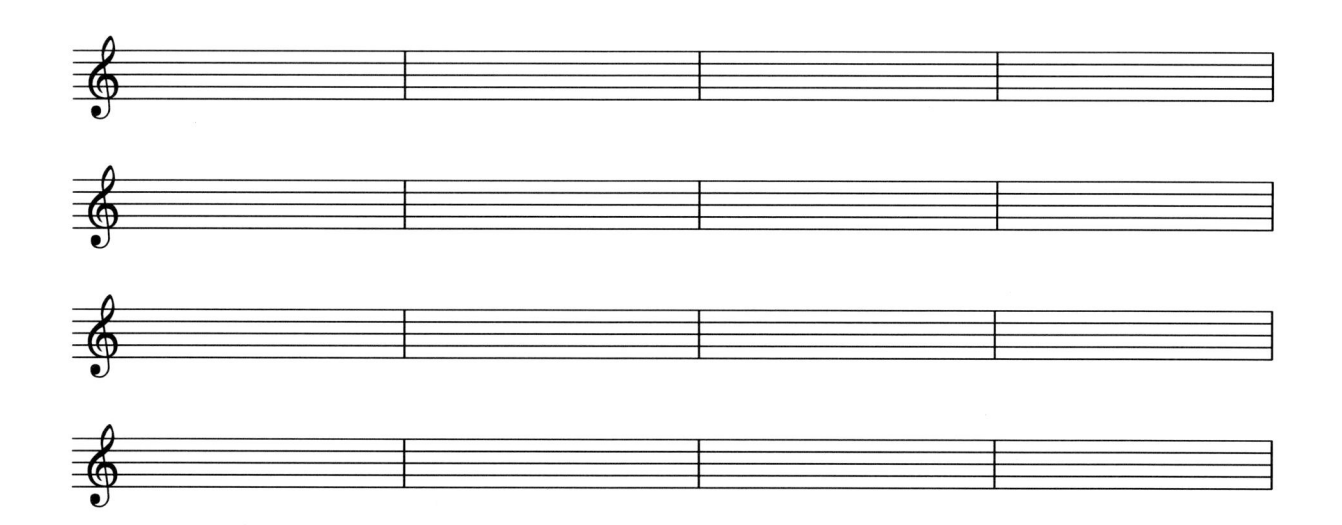

14日目　さまざまな伴奏パターンを学ぶ①　民謡

15日目

2拍子をきちんと意識する

さまざまな伴奏パターンを学ぶ② 軍歌

課題 15-1 軍歌の伴奏パターン「戦友」

1人でできる

目標2 自分が歌えるメロディーに伴奏がつけられる

軍歌はもともと行進の際に歌われていました。2拍子のリズムを左手で刻みながら演奏してください。

戦友

作詞　真下飛泉
作曲　三善和気

（楽譜：1〜16小節、歌詞「ここはおくにをなんびゃくり／はなれてとおきまんしゅうの／あかいゆうひにてらされて／とーもはのずえのいしのした」）

課題 15-2 軍歌の伴奏パターンの作成

目標2 自分が歌えるメロディーに伴奏がつけられる

次の軍歌風メロディーとコードネームに合わせた伴奏を書き、演奏してください。

軍歌伴奏課題1

軍歌伴奏課題2

課題 15-3 さぐり弾き課題⑨「ハッピーバースデー」

1人でできる

目標1 自分が覚えているメロディーは、楽譜がなくても弾けるようになる

目標2 自分が歌えるメロディーに伴奏がつけられる

以下の曲をト長調と変ロ長調で演奏してください。

ハッピーバースデートゥーユー　　作詞不詳
作曲 Mildred J. Hill ＆Patty Smith Hill

ハッピーバースデー　トゥー　ユー
ハッピーバースデー　トゥー　ユー
ハッピーバースデー　ディア　○○さん
ハッピーバースデー　トゥー　ユー

16日目 さまざまな伴奏パターンを学ぶ③ 演歌

ドラム、ベース、ギターのバンド演奏をイメージする　CD 16

演歌の伴奏リズムは次のようになっています。まず、両手を膝の上か机の上に置き、それぞれ違うリズムでたたく練習をしましょう。

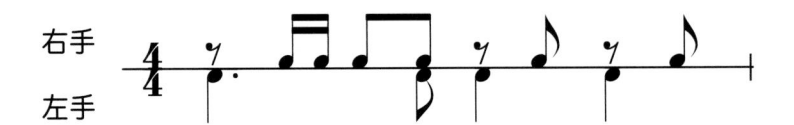

演歌や歌謡曲は、ドラム、ベース、ギター(あるいはピアノなどの鍵盤楽器)で構成されるバンドによって伴奏されています。対象者に気持ちよく歌ってもらえるようにリアルな伴奏をするには、本来の伴奏の形を踏まえる必要があります。

鍵盤楽器ひとつでバンドサウンドを再現するには、左手がベースとドラム(ベースドラム)、右手がギターであると仮定して、それぞれ独立したリズムを刻むようにします。

課題 16-1 演歌の伴奏パターン「長良川艶歌」

1人でできる

目標2 自分が歌えるメロディーに伴奏がつけられる

次の譜面を演奏してください。**右手は軽く刻み、左手はゆったりとテヌートで演奏します。**左右のバランスも、左手でリズムをとる気持ちで左手に重点を置いてください。

長良川艶歌

作詞 石本美由紀　作曲 岡 千秋

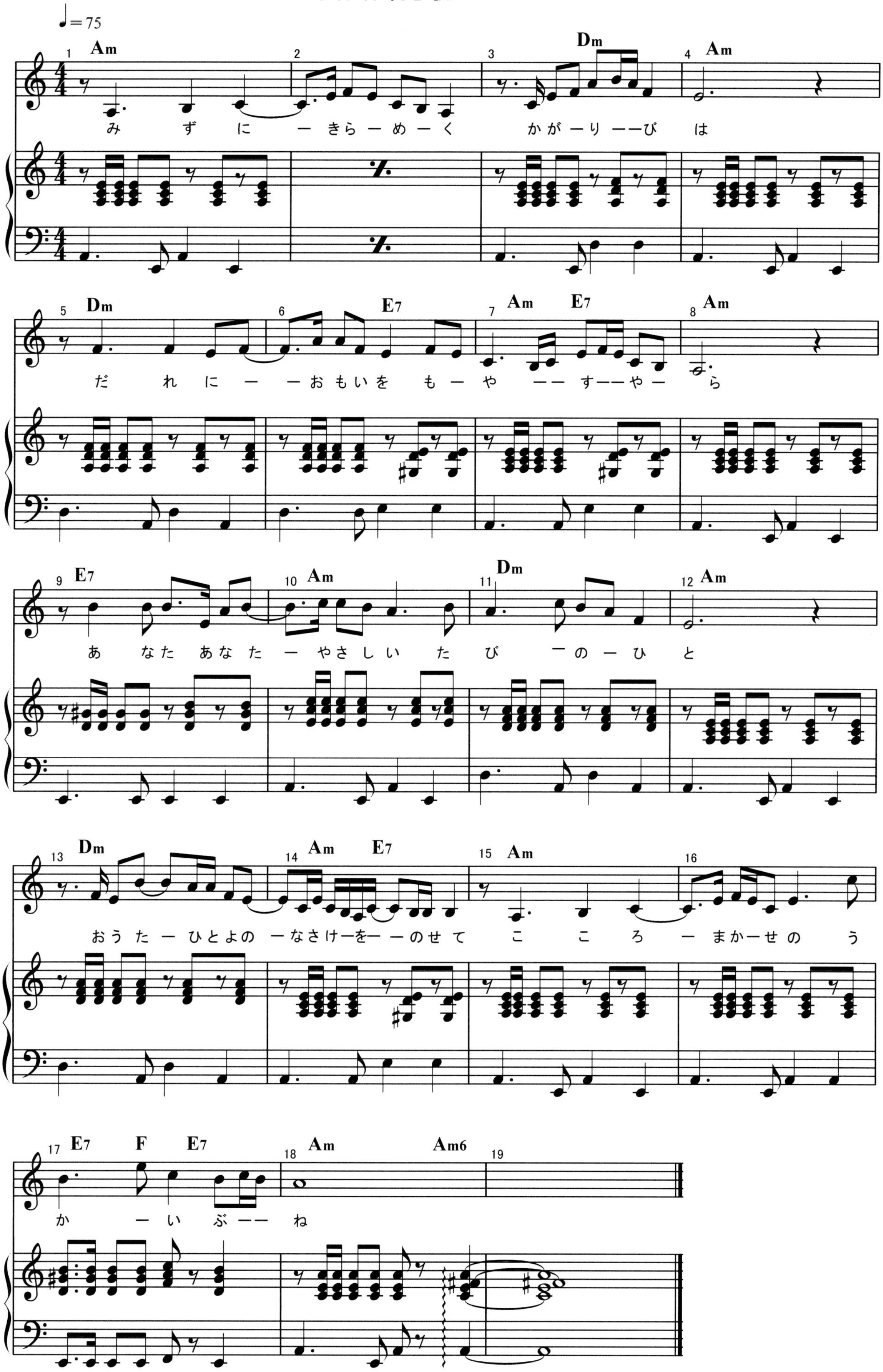

先ほどの譜面が難しく感じた人や、歌う際メロディーラインが必要な人は、次の譜面を演奏するだけでも似た雰囲気を再現できます。

長良川艶歌

作詞 石本美由紀　作曲 岡 千秋

課題 16-2 演歌の伴奏パターンの作成

1人でできる

目標2 自分が歌えるメロディーに伴奏がつけられる

次の演歌風メロディーとコードネームに合わせた伴奏を書き、演奏してください。

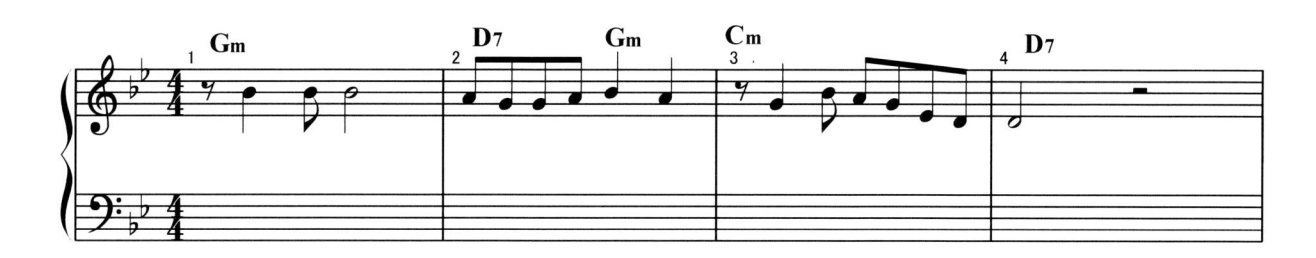

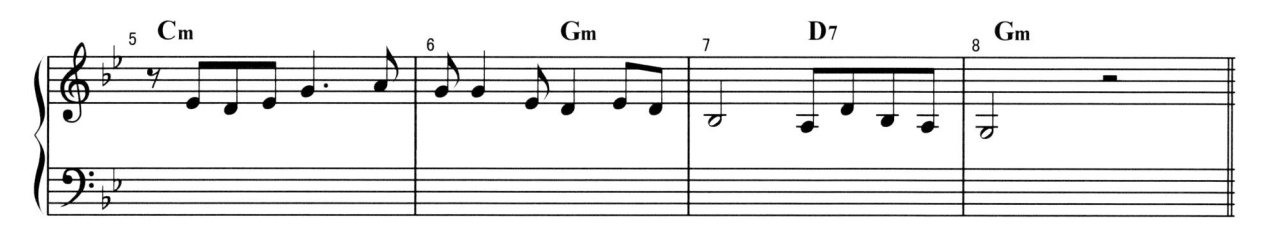

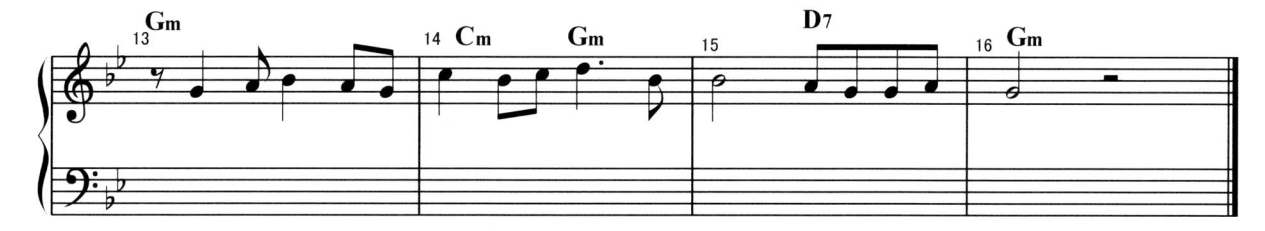

課題 16-3 演歌の伴奏パターン「星影のワルツ」

1人でできる

目標2 自分が歌えるメロディーに伴奏がつけられる

3拍子の演歌のリズムは次のようになります。

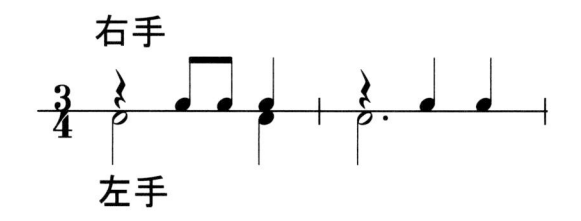

2小節で1つのパターンを刻みます。

16日目 さまざまな伴奏パターンを学ぶ③ 演歌

次の譜面に伴奏をつけてください。最初の4小節にはお手本のリズムで伴奏が書いてあります。似た形で続けてください。

星影のワルツ

作詞 白鳥園枝　作曲 遠藤 実

17日目 楽に身体を動かすための工夫

目的に合わせて作曲する ①リラックス体操の伴奏

CD 17　CD 18　CD 19

音楽療法の活動目的に合わせて作曲します。作った曲を用いた音楽活動に参加することで、対象者個別の状態や治療目的に合わせることができます。

課題 17-1　リラックス体操（ストレッチ）の伴奏を作曲する

2人で行う

目標5 音楽療法の活動目標にそった作曲ができる

　体操や運動などで身体を動かすとき、音楽に合わせると動きがよりスムーズになり、しかも長続きすると言われています（ラジオ体操でもおなじみですね）。音楽療法では、音楽のこうした身体の動きを促す働きを活用して、体操や運動に伴奏をつけた活動を行います。

　長調でゆったりしたテンポの音楽は、リラックス感を増すと言われています。次の台本に合わせた伴奏音楽を作ってください。この体操は元大垣女子短大教授の西林クニ子氏が、授業の合間に学生がリフレッシュするために作ったものです。椅子に座ったままでできるゆっくりとした動きなので、車椅子を利用している高齢者にも実践できます。

　発表は2人1組で行い、1人は伴奏し、もう1人は動作（台本）の先読みをしながら動きのお手本を示します。CD-17 で動作ナレーションを、CD-18 で伴奏例を参考にしてください。

CD 17　CD 18

1. 今から身体の筋を伸ばします。ゆっくりと両手を広げて深呼吸をしましょう。
2. ゆっくり鼻から息を吸います。（ゆっくり数えます）1,2,3。
3. 口をすぼめて吐きます。1,2,3,4,5,6。
4. 鼻から吸います。1,2,3。
5. 口から吐きます。1,2,3,4,5,6。
6. 胸の前で手のひらを外側にして指を組み、ゆっくりと上に上げます。
7. そのまま右に倒してください。
8. ゆっくりと上に戻します。
9. 今度は左に倒してください。
10. 上に戻します。
11. 胸の前まで下げてください。
12. こんどは横にねじります。右を向いてください。
13. 胸の前まで戻してください。
14. 左を向いてください。
15. もとに戻します。手を離してください。

16. 最後にもう一度深呼吸しましょう。鼻から息を吸います。1,2,3。
17. 口から吐きます。1,2,3,4,5,6。
18. 鼻から吸います。1,2,3。
19. 口から吐きます。1,2,3,4,5,6。
20. これで終わりです、おつかれさまでした。

作曲のコツ

- アルペジオなどを用いた、リズム変化の少ない音楽が向いています。
- ゆっくりとストレッチするための音楽なので、動きに過度に合わせすぎずゆったりと流れるようなBGMを心がけてください。
- 対象者に「呼吸」させるための声かけをする時（1～5、16～19）、「吸う」から「吐く」に移る時間が長すぎてはいけません。その間、対象者は息をせずに待つことになります。実際にやってみて、楽に呼吸のできるタイミングかどうか確認してください。
- 反対に、身体を伸ばす動き（6～15）の時には、ゆっくりと数え、声かけの「間」を入れることで、十分にストレッチしてもらうことができます。
- 台本を読むとわかるように、「深呼吸」の部分と、「腕を伸ばす」部分の大きく2つの動きがある体操です。伴奏も2つのパターンを作るとよいでしょう。

課題 17-2 さぐり弾き課題⑩「エーデルワイス」
(1人でできる)

目標1 自分が覚えているメロディーは、楽譜がなくても弾けるようになる

目標2 自分が歌えるメロディーに伴奏がつけられる

以下の曲をハ長調と変ロ長調で演奏してください。

エーデルワイス　　　作曲 Richard Rodgers　　日本語詞 阪田寛夫

エーデルワイス　エーデルワイス
かわいい花よ
白いつゆに　ぬれて咲く花
高く青く光る　あの空より
エーデルワイス　エーデルワイス
あかるく　匂え

CD 19
（変ロ長調）

18日目 目的に合わせて作曲する ② タオル体操の伴奏

身体の上下の動きに、音階や調の変化を連動させてみる

CD 20　CD 21

課題 18-1　タオル体操の伴奏を作曲する

2人で行う

目標5 音楽療法の活動目標にそった作曲ができる

　車椅子を使っている人でも参加できる、タオルや手ぬぐいを使った上半身のための体操に伴奏をつけましょう。
　この体操もストレッチ系なので、先ほどの課題と同様に、ゆったりとした伴奏が合っていますが、身体の上げ下げの動きが入っていますので、それに合わせた音階や調の変化をつけて、さらにスムーズな動きを助けるようにします。

　2人1組で、1人は伴奏、もう1人はお手本の体操を行います。
　お手本の体操役の人は、次ページの台本を先読みしながら動いてください。
　1人で練習する場合は、CD-20のナレーションを聴きながら伴奏を作ってください。

CD 20

1. 今からタオルを使って身体のスジを伸ばします。両手でタオルを持って、そのままひざの上に置いてください。
2. ゆっくりと上に上げていきます。1,2,3,4,5,6。
3. ゆっくりと戻します。1,2,3,4,5,6。
4. もう一度上げます。1,2,3,4,5,6。
5. 下げます。1,2,3,4,5,6。
6. もう一度上げます。1,2,3,4,5,6。
7. ゆっくりと今度は右に倒します。1,2,3,4,5,6。
8. 上に戻します。1,2,3,4,5,6。
9. 一度下に下ろします。1,2,3,4,5,6。（少し間を空けて休憩）
10. もう一度上げます。1,2,3,4,5,6。
11. 今度は左に倒します。1,2,3,4,5,6。
12. 上に戻します。1,2,3,4,5,6。
13. 下に下ろします。1,2,3,4,5,6。
14. これで終わりです。ありがとうございました。

作曲のヒント

コード進行のコツ、動作と音型

・コードを適度に動かす（進行させる）ことも、**飽きられない伴奏**を作るために大切な工夫です。
・Ⅰ-Ⅳ-Ⅴ-Ⅰという基本の三和音を使う流れだけでなく、Ⅰ-Ⅵ-Ⅱ-Ⅴ、Ⅰ-Ⅳ-Ⅰなど、いろいろ応用してみてください。
・筆者のおすすめは、Ⅴの和音を最後の直前まで使わずにⅠとⅣ、ⅡとⅥなどゆるやかな代理コードで続けるやり方です。はっきり変わらないけれどもさっきと少し違う印象を与えます。CD-21に例を入れてありますので参考にしてください。

CD 21

・この体操のコツは、数字をカウントしている間に上げ下げの伴奏をすることです。シンプルに、上に向かう動作のときは伴奏も上に向かい、下に下げる動作のときは伴奏も下降させていきましょう。

18-2 コード付け課題④「仮面ライダー」

1人でできる

目標2　自分が歌えるメロディーに伴奏がつけられる

次のメロディにコードをつけてください。

仮面ライダー　レッツゴー!! ライダーキック

作詞：石ノ森章太郎　作曲：菊池俊輔

（楽譜：せまる／ショッカー／じごくのぐんだん／われらをねらう　くろいかげ／せかいのへいわを　まもるため／ゴー　ゴー　レッツ　ゴー／かがやくマシン／ライダー　ジャンプ！／ライダー　キック！／かめん　ライダー／かめん　ライダー／ライダー　ライダー）

19日目 目的に合わせて作曲する③ 嚥下体操の伴奏

呼吸→首→肩→口→舌→頬へと部分移動する体操の伴奏

CD22 CD23 CD24 CD25 CD26 CD27 CD28 CD29 CD30 CD31 CD32

課題 19-1 嚥下体操の伴奏を作曲する
（2人で行う）

目標5 音楽療法の活動目標にそった作曲ができる

　嚥下体操とは、口の周りの筋肉が弱って物が飲み込みにくくなった対象者の方に行われている、主に口や舌の動きを促す目的で行われる体操です。スムーズな飲み込みのために首や肩を柔らかくする体操とセットにして、多くの高齢者施設で食事の前に行われています。

　こうした体操に伴奏をつけることで、対象者の注意を音楽に向けさせ、嚥下体操の動作を自覚させ、活動への継続的な積極参加を促すことができます。

（例）首の運動
直前の説明：
「ぐるっと一周首を回します。回しにくい方はできるところまで回しましょう。」

首をゆっくり左にまわしましょう　　　右にまわしましょう

　首を回す動きと右手の細かいフレーズが対応していて、よりスムーズな動きを促す伴奏になっています。

　次ページに嚥下体操の手順（台本）を示します。それぞれセクションごとに1から9までの番号をふっています。数人のグループで行う場合、それぞれの担当箇所を決め、その箇所の伴奏をつけてください。

　BGMのようにゆったり流したほうがいい箇所や、上記の例のように動きに音を連動させる伴奏をした方がよい箇所がありますので、それぞれ判断して、動きにふさわしい音楽を考えてください。

嚥下体操によるグループ訓練（シナリオ）

（この体操は、嚥下障害支援サイト「スワロー」（http://www.swallow-web.com/）が推進する嚥下体操に基づいたシナリオを許可を得て紹介するものです）

これから行なう嚥下体操は、食事を摂るときに安心しておいしく食べられるようにするための体操です．ご自分の状態に合わせてモデルの人の運動を見ながら行なうようにしてみましょう。

（アンダーラインは繰り返しです。同じ動きを繰り返します。）

1. 深呼吸　CD22

体操を始める前に深呼吸をします。
まずおなかに手を当ててゆっくり息を吸いながら、大きくふくらませましょう。
こんどはゆっくり息を吐き出しましょう。
ゆっくり息を吸いながら大きくふくらませましょう。ゆっくり息を吐き出しましょう。
もう一度、息を吸いながら大きくふくらませましょう。ゆっくり息を吐き出しましょう。

2-1. 首の運動　CD23

まずはじめに首の運動です。最初に首を曲げる運動です。
ゆっくり右に曲げましょう。もとに戻しましょう。
左に曲げましょう。もとに戻しましょう。
右に曲げましょう。もとに戻しましょう。左に曲げましょう。もとに戻しましょう。
もう一度、右に曲げましょう。もとに戻しましょう。左に曲げましょう。もとに戻しましょう。
今度は首を前後に曲げる運動です。
ゆっくり前に曲げましょう。もとに戻しましょう．後ろに曲げましょう。もとに戻しましょう。
前に曲げましょう。もとに戻しましょう。後ろに曲げましょう。もとに戻しましょう。
もう一度、前に曲げましょう。もとに戻しましょう。後ろに曲げましょう。もとに戻しましょう。
今度は顔を左右に向ける運動です。
ゆっくり左を向きましょう。もとに戻しましょう。右を向きましょう。元に戻しましょう。
左を向きましょう。もとに戻しましょう。右を向きましょう。もとに戻しましょう。
もう一度、左を向きましょう。もとに戻しましょう。右を向きましょう。もとに戻しましょう。

2-2. 首の運動　CD24

今度は上下の運動です。
斜め左上にゆっくり首をあげましょう。顎を上げて左上の天井を見上げましょう。
ゆっくり斜めにおろしてあごを肩に付けるようにして右下を見ましょう。もとに戻して正面を見ましょう。
こんどは斜め右上にゆっくり首をあげましょう。顎を上げて右上の天井を見上げましょう。
ゆっくり斜めにおろしてあごを肩に付けるようにして左下を見ましょう。もとに戻して正面を見ましょう。

斜め左上にゆっくり首をあげましょう。　顎を上げて左上の天井を見上げましょう。
ゆっくり斜めにおろしてあごを肩に付けるようにして右下を見ましょう。
もとに戻して正面を見ましょう。
　　こんどは斜め右上にゆっくり首をあげましょう。　顎を上げて右上の天井を見上げましょう。
ゆっくり斜めにおろしてあごを肩に付けるようにして左下を見ましょう。
もとに戻して正面を見ましょう。
もう一度、斜め左上にゆっくり首をあげましょう。顎を上げて左上の天井を見上げましょう。
ゆっくり斜めにおろしてあごを肩に付けるようにして右下を見ましょう。
もとに戻して正面を見ましょう。

こんどは斜め右上にゆっくり首をあげましょう。顎を上げて右上の天井を見上げましょう。
ゆっくり斜めにおろしてあごを肩に付けるようにして左下を見ましょう。
もとに戻して正面を見ましょう。

　さいごにぐるっと一周ゆっくり首を回します。回しにくい方は出来るところまで回しましょう。
ゆっくり左に回しましょう。　右に回しましょう。
左に回しましょう。　右に回しましょう。もう一度、左に回しましょう。　右に回しましょう。

3. 肩の体操　CD 25

　こんどは肩の体操です。うまくできない方は腕を支えるようにして行ないましょう．
ゆっくり上げてそのまま1、2、3と数えてストンと落とします。
ゆっくり上げましょう。　1、2、3　ストン。
ゆっくり上げましょう。　1、2、3　ストン。
もう一度、ゆっくり上げましょう。　1、2、3　ストン
　　次は肩を回します。
前へ回しましょう。　1、2、3。　後へ回しましょう。　1、2、3。
前へ回しましょう。　1、2、3。　後へ回しましょう。　1、2、3。
もう一度、前へ回しましょう。　1、2、3。　後へ回しましょうう。　1、2、3。

4. 口の運動　CD 26

　次はお口の体操です。うまく出来ないかたは指で手伝うようにしましょう。
　まず口を大きく開ける運動としっかり閉じる運動です。
お口を大きく開け、「アー」と声を出しましょう。さん、はい。（アー）。　そしてぎゅっと閉じましょう。
「アー」と声を出しましょう。さん、はい。（アー）。　そしてぎゅっと閉じましょう。
もう一度、「アー」と声を出しましょう。さん、はい。（アー）。そしてぎゅっと閉じましょう。
　つぎは唇を横へ引く運動と、すぼめる運動です。
まず、唇の両端を横へ力いっぱい引き、「イー」と声を出しましょう。さん、はい。（イー）
次にお口をすぼめるようにして「ウー」と声を出しましょう。さん、はい。（ウー）

「イー」と声を出しましょう。さん、はい。（イー）。「ウー」と声を出しましょう。さん、はい。（ウー）。もう一度、「イー」と声を出しましょう。さん、はい。（イー）。「ウー」と声を出しましょう。さん、はい。（ウー）。

今度は少し早く繰り返しましょう。イー、ウー、イー、ウー（ここだけ5回繰り返す）

5. 舌の運動　CD27

　次は舌の体操です。
　前に出しましょう。　つぎに舌の先でのどの奥をなめるようにしましょう。
前に出しましょう。　つぎに舌の先でのどの奥をなめるようにしましょう。
もう一度、前に出しましょう。　つぎに舌の先でのどの奥をなめるようにしましょう。
少し速く繰り返しましょう。
まえ、うしろ。　まえ、うしろ。　まえ、うしろ。　まえ、うしろ。　まえ、うしろ。
　こんどは口の左端、右端を舌で触ります。
まず左端をなめましょう。　右端をなめましょう。
左端をなめましょう。　右端をなめましょう。
もう一度、左端をなめましょう。　右端をなめましょう。
少し速く繰り返しましょう。
左、右。　左、右。　左、右。　左、右。　左、右。　左、右。
つばきが溜まったら飲みましょう。
　こんどは上唇と下唇をなめるようにします。
上をなめましょう。　下をなめましょう。
上をなめましょう。　下をなめましょう。
もう一度、上をなめましょう。　下をなめましょう。

6. 頬の運動　CD28・CD32（前半の伴奏）

　次は頬を膨らます運動と、へこます運動です。息がもれる方は指で唇を閉じるように手伝って下さい。
まずぷーっと頬を膨らませましょう、今度は力いっぱい吸い、頬をへこましましょう。
ぷーっと頬を膨らませましょう、今度は力いっぱい吸いましょう。
もう一度、ぷーっと頬を膨らませましょう。　今度は力いっぱい吸いましょう。

7. 呼吸訓練　CD29・CD32（後半の伴奏）

今度は呼吸の訓練です。腹式呼吸をします。
　はじめに鼻から大きく息を吸いましょう。　次に口をすぼめてゆっくり吹き出しましょう。
鼻から大きく息を吸いましょう。　口をすぼめてゆっくり吹き出しましょう。
もう一度，鼻から大きく息を吸いましょう。　口をすぼめてゆっくり吹き出しましょう。
こんどは鼻から大きく息を吸ってこまぎれに吹き出す練習をしましょう。
鼻から大きく息を吸って、フ、フ、フ、フ、フ、フ。
もう一度、鼻から大きく息を吸って、フ、フ、フ、フ、フ、フ。

嚥下体操の演出

これまでの例では、こんな唇と舌の模型をダンボールで作った学生グループもありました。遠くからでもよく見えます。

施設などで実践するときは言葉を書いた紙を示すとわかりやすいです。

8. 発声練習　CD30

　次は発声練習をします。最初に「ぱ」を言います。
唇に力を入れて発音しましょう。ぱ、ぱ、ぱ、ぱ、ぱ。はい。
(パ、パ、パ、パ、パ)
繰り返しましょう。ぱ、ぱ、ぱ、ぱ、ぱ。はい,(パ、パ、パ、パ、パ)
もう一度、繰り返しましょう。ぱ、ぱ、ぱ、ぱ、ぱ。はい、(パ、パ、パ、パ、パ)

　今度は一気に5回速く言いましょう。ぱぱぱぱぱ、はい、(パ、パ、パ、パ、パ)
繰り返しましょう。ぱぱぱぱぱ。はい、(パパパパパ)
　次は「た」を言います。
舌の先に力を入れて発音しましょう。た、た、た、た、た。はい、(た、た、た、た、た)
繰り返しましょう。た、た、た、た、た。はい、(た、た、た、た、た)
もう一度、繰り返しましょう。た、た、た、た、た。はい、(た、た、た、た、た)

　一気に5回速く言いましょう。たたたたた。はい,(たたたたた)
繰り返しましょう。たたたたた。はい,(たたたたた)
もう一度、繰り返しましょう。たたたたた。はい,(たたたたた)
　次に、「か」を言います。
舌の奥に力を入れて発音しましょう。か、か、か、か、か。はい、(か、か、か、か、か)
繰り返しましょう。か、か、か、か、か。はい、(か、か、か、か、か)
もう一度繰り返しましょう。か、か、か、か、か。はい、(か、か、か、か、か)

今度は一気に5回速く言いましょう。かかかかか。はい、（かかかかか）。

繰り返しましょう。かかかかか。はい、（かかかかか）

もう一度、繰り返しましょう。かかかかか。はい、（かかかかか）

最後に「ら」を言います。

舌の先をしっかり上げて発音しましょう。ら、ら、ら、ら、ら。はい、（ら、ら、ら、ら、ら）

繰り返しましょう。ら、ら、ら、ら、ら。はい、（ら、ら、ら、ら、ら）

もう一度、繰り返しましょう。ら、ら、ら、ら、ら。はい、（ら、ら、ら、ら、ら）

一気に早めに5回繰り返しましょう。ららららら。はい、（ららららら）

繰り返しましょう。ららららら。はい、（ららららら）

もう一度、繰り返しましょう。ららららら。はい、（ららららら）

9. 深呼吸　CD 31

最後に、深呼吸をします。

おなかに手を当ててゆっくり息を吸いながら大きくふくらませましょう。

こんどはゆっくり息を吐き出しましょう。

ゆっくり息を吸いながら大きくふくらませましょう。　ゆっくり息を吐き出しましょう。

（嚥下体操シナリオ　終わり）

参考までに、6. 頬の運動と7. 呼吸訓練の伴奏がCD-32に入っています。　CD 32

課題 19-2　さぐり弾き課題⑪「アルプス一万尺」

1人でできる

目標1 自分が覚えているメロディーは、楽譜がなくても弾けるようになる

目標2 自分が歌えるメロディーに伴奏がつけられる

以下の曲をハ長調とニ長調で演奏してください。

アルプス一万尺　　　　　　　　　　　　アメリカ民謡　作詞者不詳

アルプス一万尺　小槍（こやり）の上で　アルペン踊りを　踊りましょ

ラララララララララ・・・・

20日目 目的に合わせて作曲する ④「待つ」ための曲を作る

短いフレーズと休符で、[待つ／動く] の切り替えを気づかせる

社会性やコミュニケーションの力をつけることを目標に設定し、「自分の番を"待つ"ことが自然にできる」ような音楽活動の曲を作りましょう。

課題 20-1 「待つ」ための曲を演奏する
2人で行う

目標5 音楽療法の活動目標にそった作曲ができる

次の曲を演奏してください。

> 2人1組になり、セラピスト役の人は左手でキーボードの和音を弾き、右手でタンバリンを持ちます。対象者役の人にタンバリンを差し出してタンバリンをたたいてもらいます。（セラピスト役の人に和音を弾く余裕がなければ、歌いながらタンバリンを差し出すだけでもよいです。）

作曲　菅田文子

（タンバリンを差し出す）の指示とともに、メロディー（歌詞：タンバリンをたたこう）とピアノ（左手）による楽譜が12小節分記載されている。♩=120、4/4拍子。

差し出す時に、方向をいろいろ変えてみることができます。正面に向けるだけではなく、時には、対象者の肩より上や、膝より下に差し出すと、対象者はタンバリンを目で追うようになります。また、対象者のたたく手と反対側に差し出すと、難易度が高まります。簡単な動きばかりではだんだん意欲が下がるので、同じ動きが続くと感じた時は、こうした工夫をして活動がマンネリにならないよう、対象者の注意を持続させましょう。

セラピスト役の人が鍵盤を見る暇はほとんどありません。
手探り弾きの力が必要になります

ワンポイント

子どもたちはお行儀の悪いことが大好きです。手でたたくばかりでなく、足の先で軽く蹴ってもらうように、タンバリンを下に出すと喜んで鳴らします。
筆者は脳性マヒの子どもと一緒に、この足で鳴らす活動をよくやります。子どもは動きにくい足でも、がんばって笑顔で動かそうとします。訓練ならいやいやだったり、あきらめてしまう子どもでも、このような活動なら積極的に興味を持って参加する姿をみると、音楽は、人の意欲を引き出す力を持っていることを感じます。

課題 20-2 「待つ」ための曲を作る
（1人でできる）

目標 5 音楽療法の活動目標にそった作曲ができる

課題 20-1 の例のような、「合間に対象者が反応せずにはいられない音楽」を作曲しましょう。次の五線譜に書き留めてください。

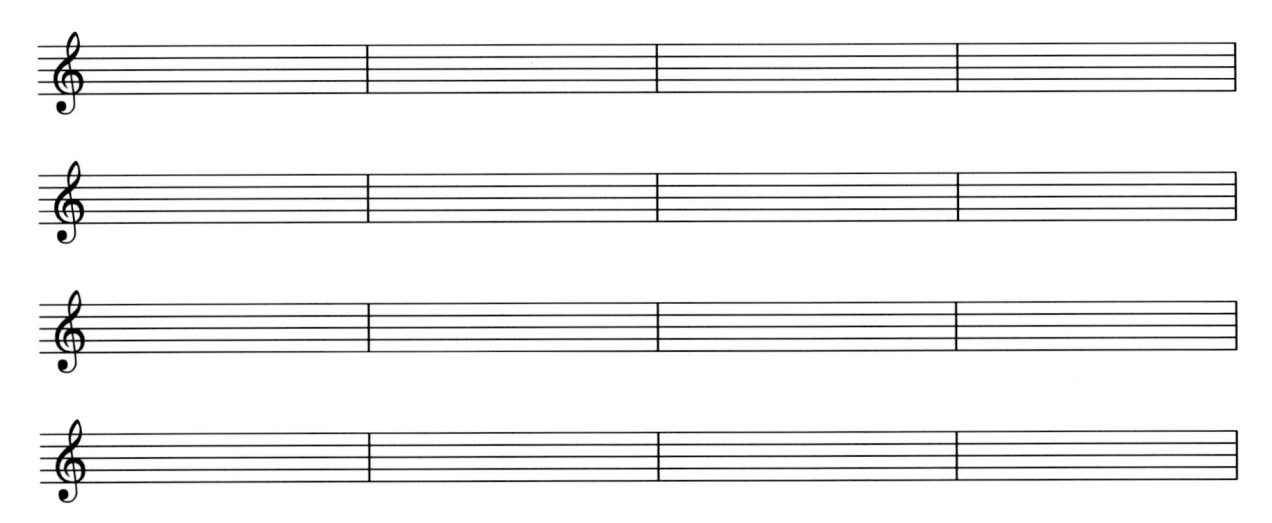

作曲のコツ

(1) 短いフレーズの繰り返しを用いること
(2) メロディーの合間に対象者を促すタイミング（休符）を作っておくことです。

歌詞は対象者に「してほしい動き」（たたきましょう、鳴らしましょうなど）を、シンプルに歌いかけてください。

リズムに乗せて次々と演奏するよりも、相手の反応を待ってから次のフレーズに行くように、合間が空いてもかまわないつもりで差し出してください。こうした、相手の反応を十分に待つことができることが、即興的に人がかかわる強みです。

課題 20-3　コード付け課題⑤「鉄腕アトム」

1人でできる

目標2 自分が歌えるメロディーに伴奏がつけられる

以下のメロディーにコードをつけてください。

鉄腕アトム

作詞：谷川俊太郎、作曲：高井達雄

21日目 目的に合わせて作曲する ⑤動きを促す音楽の作曲

対象者の受け持つ単音を生かすための曲

CD 33

課題 21-1 動きを促す音楽の作曲（単音楽器を用いて）

2人で行う

目標5　音楽療法の活動目標にそった作曲ができる

足で踏むだけで音が鳴る楽器「ミュージックパッド」を用いて、対象者が「踏む」動きを促すような曲を作りましょう。

ミュージックパッドはCメジャースケール（ハ長調：ドレミファソラシド）の音が用意されています。その中から1～2枚使う前提で曲を作りましょう。

ミュージックパッドがない場合は、ミュージックベルを使い、腕の動きを促す曲にしましょう。

（例）ミュージックパッドを2枚（DとG）使用する例
次の曲を2人一組になって演奏してみてください。

作曲　菅田文子

[楽譜：♩=100 軽快に、3/4拍子、全8小節。歌詞「ふんでみましょう ○○○○ すごいですね」、コード進行 G-C-G D-G / G-C-G D-G、5～8小節目に「ミュージックパッドD」「ミュージックパッドG」「ミュージックパッドD」「ミュージックパッドG」の指示]

ミュージックパッド（SUZUKI製）はやわらかい素材でできていて、踏むと音が鳴ります。
ヒールで穴があいてしまわないよう、靴を脱いで踏みましょう。

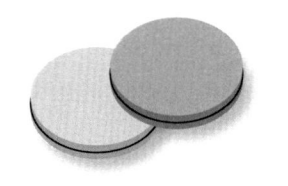

作曲のヒント

使う音を主音（トニック）とした I―IV―V で作ることです。
（p.70 の例では G（ト長調）の I―IV―V を使っています。）

前記の例を参考として、動きをうながす短い曲を作ってください。

対象者が使う音＝（　　　　　　　　）

課題 21-2　さぐり弾き課題⑪「手のひらを太陽に」

1人でできる

目標1 自分が覚えているメロディーは、楽譜がなくても弾けるようになる

目標2 自分が歌えるメロディーに伴奏がつけられる

以下の曲を自分の演奏しやすい調で演奏してください。　CD 33

手のひらを太陽に

作詞：やなせたかし　作曲：いずみたく

ぼくらはみんな　生きている　生きているから　歌うんだ
ぼくらはみんな　生きている　生きているから　かなしいんだ
手のひらを太陽に　すかしてみれば　まっかに流れる　ぼくの血潮（ちしお）
ミミズだって　オケラだって　アメンボだって
みんな　みんな生きているんだ　友だちなんだ

21日目　目的に合わせて作曲する⑤　動きを促す音楽の作曲

課題 21-3 「順番を待つ」ための音楽

2人で行う

目標5 音楽療法の活動目標にそった作曲ができる

音楽療法においては、グループ活動で自分の順番が来るのを待つことも、社会性や協調性を促すという大切な目標になります。他の人が何をしているか周囲に注意を向けることや、今何が行われているかを理解するために、次のような課題があります。

次の曲を演奏してください。2人〜3人のグループを組み、1人がセラピスト役、その他の人が対象者役です。対象者役の人は鈴や鳴子、太鼓などの打楽器を1つずつ持ちます。

作曲　菅田文子

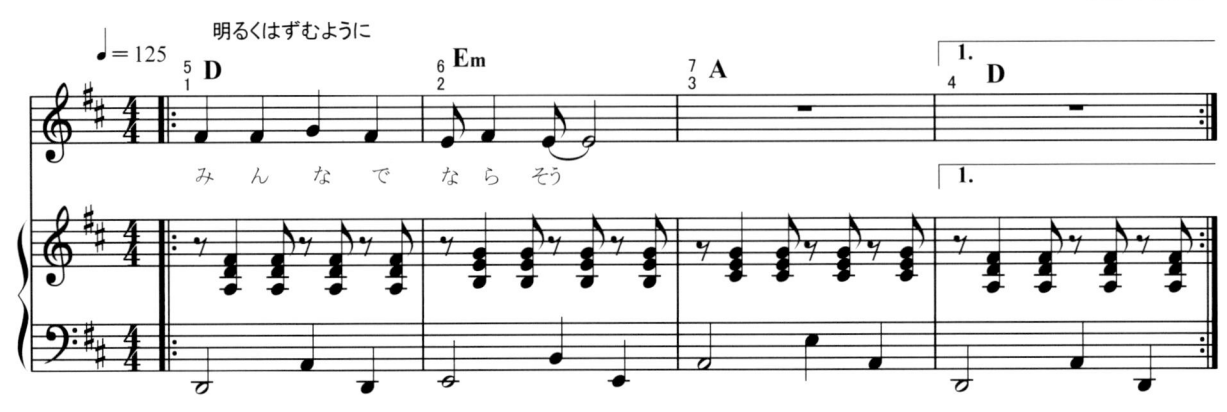

(歌詞: みんなで ならそう / こんどは ○○さん / ここで指名されたクライエント役の○○さんが持っている打楽器でソロをとる。)

こんどは××さん

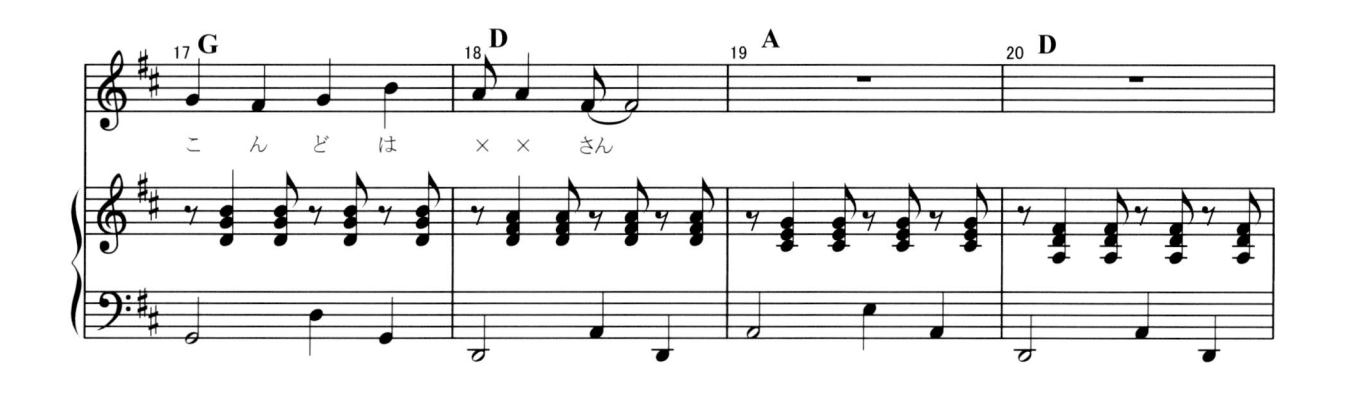

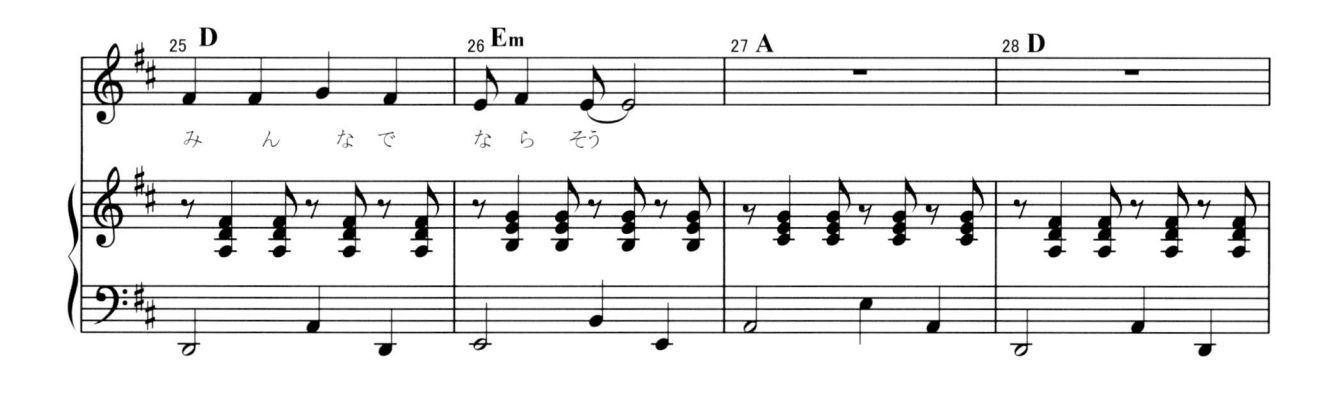

ここでは次に指名された××さんがソロをとる。

みんなで ならそう

みんなで ならそう これでおしまい

21日目 目的に合わせて作曲する⑤ 動きを促す音楽の作曲

22日目 目的に合わせて作曲する ⑥気持ちを表す音楽の作曲

リズム、音域、音量、調性によって感情を表現する

CD 34

「その時の対象者の心身の状態に合った音楽が一番受け入れられやすい」という「同質の原理」は、音楽療法の基本原理としてよく知られています。

音楽療法では、対象者はいつも楽しい気持ちでいるとは限りません。時には、さみしい気持ち、悲しい気持ち、怒りといったネガティブな感情を持ってセッションに現れることはよくあることです。対象者の気持ちに合った音楽を提供することができるように、さまざまな感情を音楽で表してみましょう。

課題 22-1 気持ちを表す音楽の作曲
（1人でできる）

目標 5 音楽療法の活動目標にそった作曲ができる

最低 8 小節以上の曲を作曲してください。

リズムによる感情表現について、山崎（2002）による先行研究では以下のことがわかっています。

① **喜び**を表すリズムは規則的で音密度が高く、音量が大きい
　例　● ●●　●●　●●　●●

② **悲しみ**を表すリズムは不規則で音密度が低く、音量が小さい
　例　●　　　　●　　　● ●　　　　　●

③ **怒り**を表すリズムは不規則で音密度が高く、音量が大きい
　例　●●●　　●● ●●●●　● ●●

また、感情を表すために音域を選ぶことも必要です。高い音域で演奏すると明るく軽く感じられ、低い音域はそれだけでも暗く重く感じます。リズムや音の大きさ、音域や調性など、感情を音で表す手段はさまざまです。それらを考慮しながら作りましょう。

山崎晃男「音楽による感情のコミュニケーション（2）―未経験者の表出ルールと解釈ルール」
音楽情報科学．2002（40）．115—120

（1）楽しい気持ち
（2）怒り、イライラした気持ち
（3）悲しい、さみしい気持ち

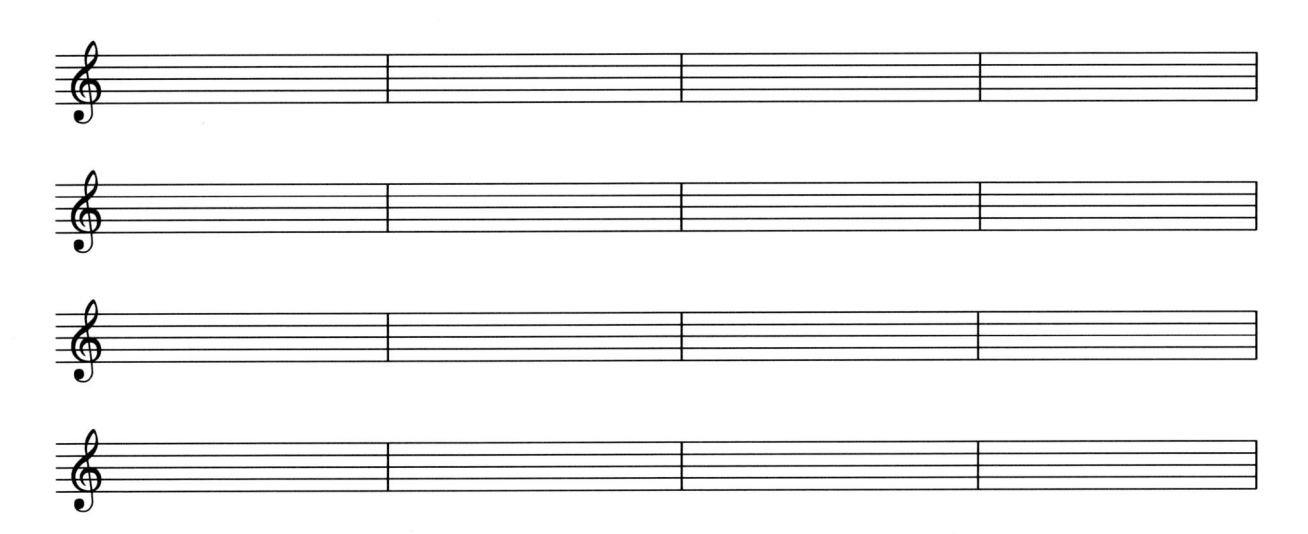

これらの作曲例として CD-34 を聴いてみてください。

課題 22-2　さぐり弾き課題⑬「ジングルベル」

1人でできる

目標1 自分が覚えているメロディーは、楽譜がなくても弾けるようになる

目標2 自分が歌えるメロディーに伴奏がつけられる

以下の曲をハ長調と変ロ長調で演奏してください。

ジングルベル
作詞：宮沢章二　作曲：ジェームス・ピアポント

走れソリよ　風のように　雪の中を　軽く早く
笑い声を　雪にまけば　明るい光の　花になるよ
ジングルベル　ジングルベル　鈴が鳴る
鈴のリズムに　光の輪が舞う
ジングルベル　ジングルベル　鈴が鳴る
森に林に　ひびきながら

23日目　目的に合わせて作曲する ⑦ 言葉や詩に曲をつける

対象者の言葉や詩に曲をつける「詞先（しせん）」のコツ

CD 46　CD 47　CD 48　CD 49　CD 50　CD 51　CD 52　CD 53　CD 54　CD 55　CD 56

　対象者が話した言葉や作った詩に音楽療法士がメロディーをつけ、曲にして一緒に演奏したり、それを楽譜や録音などの形に残すことは、対象者にとっては特別な体験となります。音楽療法士はそうした作曲に積極的でありたいものです。

　作曲についてまとめた p.100 からの記事も併せてお読みください。

課題 23-1　言葉や詩に曲をつける
1人でできる

目標5　音楽療法の活動目標にそった作曲ができる

　右頁の詞は Web 上にあげられていたものです。気に入った詩をひとつ選び、作曲してみましょう。このほか、障害を持つ人たちがインターネット上で詞を発表している「NHK ハート展」 http://www.nhk-sc.or.jp/heart-pj/art/heart/work2013/index.html　から選ぶのもよいでしょう。

詞先（しせん）作曲のポイント

すでにある詞を元にして作曲することを「詞先（しせん）」と言います。その場合、次のルールを守るようにしましょう。

1. **言葉の繰り返しは行ってもよい**
   メロディーのリズムを整えるために同じフレーズを繰り返してもよい。
2. **言葉の削除、変更は行わない**
   作詞者の了解を得ることなく、勝手に言葉を消したり変えたりしてはいけません。対象者と一緒に曲作りを行うときには、積極的に話し合い、変更しながら作ればよいのですが、今回はすでにある詞を題材としますので、言葉を変えないように心がけましょう。
3. **音域**
   できるだけ歌いやすい音域で作るようにしましょう。理想的には地声で歌える範囲です。

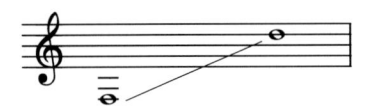

男女共通で歌いやすい声域

雲　ID:o3QvjpPw　CD46

あの日と同じ雲
見上げる私は変わってしまった
なのに雲は変わらない
幼かった私は大人になって
歳をとっていつか死ぬ
なのに雲は変わらない

日常　ID:1xFz2Pfr　CD47

どうって事ない事で傷付いて
どうって事ない事で落ち込んで
どうって事ない事でまた笑える

あとで思えば、どうって事ない事の積み重ね
今がどんなに苦しくても、大丈夫、大丈夫だよ
どうって事ない事と思えるはずだから

イイモノ　ID:4V3E0vQ0　CD48

走りゃコケるし飛べば落ちる
物事はうまくいかねえもんさ
それがイヤなら笑っとけ
笑えないなら泣きゃーいい
いつかイイモノ見つかるさ

君へ　ID:LDrxAQIE　CD49

きれいな景色を見たら
君にも見せたいと思うし
美味(おい)しいものを食べたら
君にも食べて貰(もら)いたいと思うし
素敵な音楽を聴いたら
君にも聞いて貰いたいと思う
きっと人を好きになるってこういうことだ

Happy？　作：シグマ　CD50

君は僕に問い掛ける
僕は君に問い掛ける
「幸せですか」
君は答える
僕は答える
「さぁ…どうでしょう」

あの人　ID:MIXEGbw5　CD51

あの人は音楽を聞いて
何も考えないようにしている
あの人はテレビを見て
何も考えないようにしている
あの人は本を読んで
何も考えないようにしている
あの人はネットをして
何も考えないようにしている

あの人は何もしなくて
何かを考えようとしている

平等　ID:rSmTjrxV　CD52

彼らはベッドに横たわり
寝返りすらうてないで
食べては
排泄し
食べては
排泄し
若い頃の栄光も
肩書きも
微塵(みじん)も考慮されずに
みな平等に
見下(みくだ)され
いたわられ
生かされる

知ない ID:GzPCohKC CD 53

あなたはわたしを知らないけれど
わたしはあなたを知っている

わたしはあなたの
あなたのわたしを 知っている

あなたはわたしを知らないの
わたしのあなたを知らないの

あなたはわたしのわたしのあなたを
見ないふり

わたしはわたしはあなたに
気付いてほしい

パンダ社会 ID:U/dFc5Lk CD 55

パンダの赤ちゃんの生誕（せいたん）を待ち望む僕たち
それは明るい社会を待ち望む心の象徴（しょうちょう）
ニートは一人残らず歴史の記憶から消去され
生活保護者は生きたまま埋葬（まいそう）される
おおピンク色のまだ目も開（あ）かぬパンダの赤ちゃんよ
おまえは雄（おす）なのか雌（めす）なのか
雄なら勇躍北極（ゆうやくほっきょく）を目指せ
そして史上初の北極パンダとなるがよい

恋の詩 CD 54

作：久音詩葉

君の声
君の詩（うた）

誰にも
何処（どこ）にも
届かない

私の詩
私の声

君にも
誰にも
届かない

空に響く
海に沈む

誰も知らない
恋の詩

私の墓は CD 56

日塔貞子（1920-1949）遺稿詩集『わたしの墓は』より

私の墓は
なに気ない一つの石であるように
昼の陽ざしのぬくもりが
夕べもほのかに残っているような
なつかしい小さな石くれであるように

この11曲については、CDの最後のtrack46〜56に収録してあります。
そこで歌っているのは、音声合成ソフト「ボーカロイド」による歌声です。
音楽療法における作曲について、そして特にこの11曲についての作曲メモをp.100〜104に掲載しましたので、ご参照ください。

「私の墓は」を除く上記の詩は、次のサイトに匿名で掲載されていたものを選び使用しました。
http://toro.2ch.net/test/read.cgi/poem/1319811005/　「あの人」「日常」「知らない」「君へ」「パンダ社会」
http://toro.2ch.net/test/read.cgi/poem/1284527050/　「平等」「雲」「イイモノ」
http://21.xmbs.jp/ur092489/　「恋の詩」「Happy?」

24日目 1音のためのアレンジ

なじみの既成曲が使えるようにコードをアレンジ

CD 35 / CD 36

音楽療法では、初心者でも演奏が簡単にできる楽器として、1音だけを鳴らす楽器をよく用います。（打楽器の他には、ミュージックベルやトーンチャイム、ミュージックパッドなど）

こうした1音の楽器は、対象者に失敗感を持たせることなく、演奏での成功体験を積んでもらえるので、楽器演奏に消極的な対象者にも薦めやすいのです。

1音でも豊かな音楽は作れます。ここでは既成曲を用いてアレンジしてみます。

課題 24-1　1音のためのアレンジ「世界に一つだけの花」

2人で行う

目標5 音楽療法の活動目標にそった作曲ができる

まず既成曲を使い、対象者役の人が使う音が1音でも、セラピストの伴奏と合わせることによって1曲がきちんと仕上がるアレンジを練習しましょう。

では、次の曲を2人1組になって演奏してみてください。対象者役の人はA音を4分音符で弾き続けます。セラピスト役の人は左手だけでヘ音記号のパートを弾きながら歌います。

CD-35にベルの音（C）が入っていますので一人でも練習できます。

CD 35

世界にひとつだけの花

作詞・作曲　槇原敬之　アレンジ　菅田文子

既成曲を使うメリットは、対象者になじみの曲を使うため、曲の長さや構成などの見通しがつけやすく、参加しやすいことです。オリジナルの曲や即興演奏では、いつ終わればよいのか、自分の演奏はこのままでよいのかなどが判断できず、認知機能の高い人にとってかえって不安となる要素も含まれています。既成曲ではそのような「知らない曲への不安」というマイナス感情を避けることができます。

　ただし留意すべき点は、最後まで演奏を続けることができなかった場合に、対象者が「失敗した」という感情を持つことがないように配慮することです。

課題 24-2　1音のためのアレンジ「大きな古時計」

2人で行う

目標5 音楽療法の活動目標にそった作曲ができる

次の課題を2人1組で演奏してください。

対象者役の人はC音だけをピアノまたはミュージックベルで鳴らし続けてください。
セラピスト役の人は次のピアノの譜面を演奏しながら、歌詞を弾き歌いしてください。
CD-36にベルの音（C）が入っているので一人でも練習できます。

CD 36

大きな古時計

作詞：保富康午　作曲：Henry Clay Work
アレンジ　菅田文子

この「大きな古時計」のアレンジでは、普段演奏するときのコードネームと響きが違うことに気がついたでしょうか。1音のためのアレンジでは、音がぶつかってもにごらないように、コードの響きを工夫する必要があります。

1音のためのアレンジを行ったとき、対象者が演奏する音がルート音(key:CではC音)とすると、基本の3和音のうち、IとIVはそれぞれルート音をコード中に含むので一緒に鳴らしても違和感はありません。

　しかし、Vの和音（この曲ではG）にはルート音を含みませんので、音がぶつかって響きがにごってしまいます。それを避けるために、Vの和音の代わりに、**I sus4 on V**を使うのです。このコードはルート音を含んでいますので、一緒に鳴らしても音がにごらず、ベース音としてVの音を鳴らして全体を支えているので、響きはVのように聞こえるのです。

　この技が使える曲は、原則として、ある程度シンプルなコード進行の曲であること。ただ、多少複雑な和音を含む曲でも、曲中に転調などがなければ、工夫次第で対象者の1音だけを鳴らせばいいようなアレンジはできます。

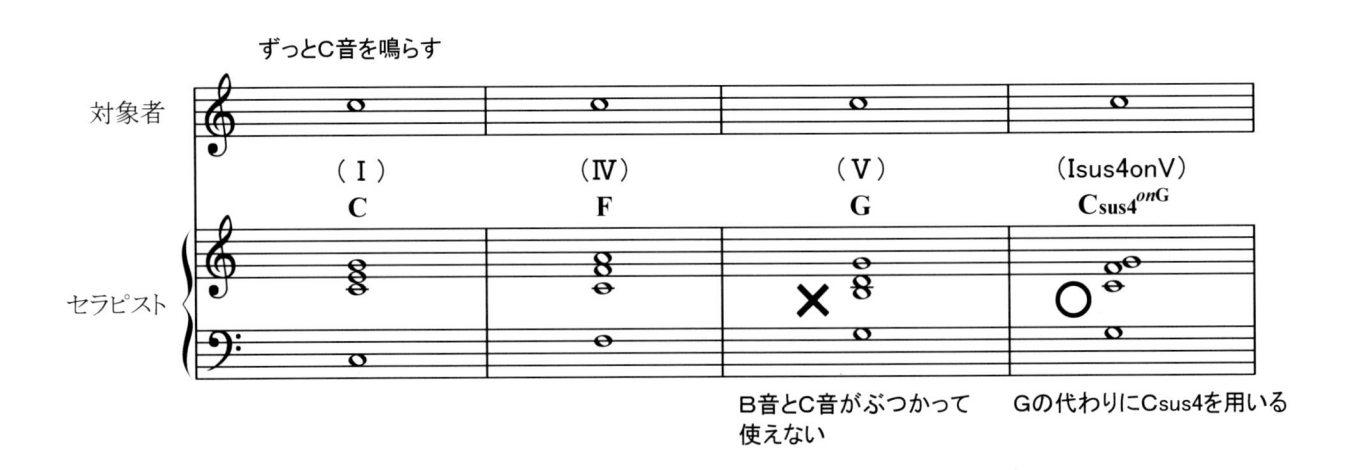

課題 24-3 既成曲を用いた1音のためのアレンジ

目標 5 音楽療法の活動目標にそった作曲ができる

　では、これまでの練習課題で行ったような既成曲のアレンジを譜面に書き、発表してください。対象者の鳴らす音名も指定してください。

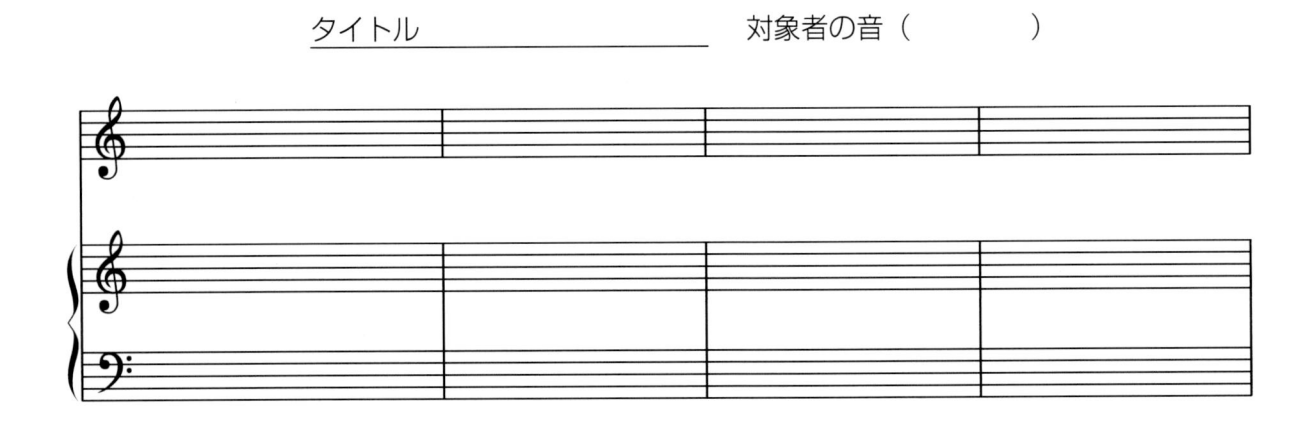

タイトル＿＿＿＿＿＿＿＿＿＿　対象者の音（　　　）

25日目 1音のための作曲

オリジナル曲で1音をさらに豊かに響かせる

CD 37 CD 38 CD 39 CD 40

対象者が1音だけ鳴らし続けることで調和の取れた演奏に聞こえるようなオリジナルの曲を、作れるようになりましょう。

この活動は、対象者の鳴らす音に合わせて作曲するため、前項の既成曲を用いたアレンジよりも、さらに豊かな響きを工夫して提供することができます。

課題 25-1 1音のための作曲の練習

2人で行う

目標5 音楽療法の活動目標にそった作曲ができる

次の譜面を2人1組になって演奏してください。（CD-37のベル音で一人でも練習できます。）

（例1）対象者役の人はずっとC音を演奏します。（一人でする場合 CD-37） CD37

作曲 菅田文子

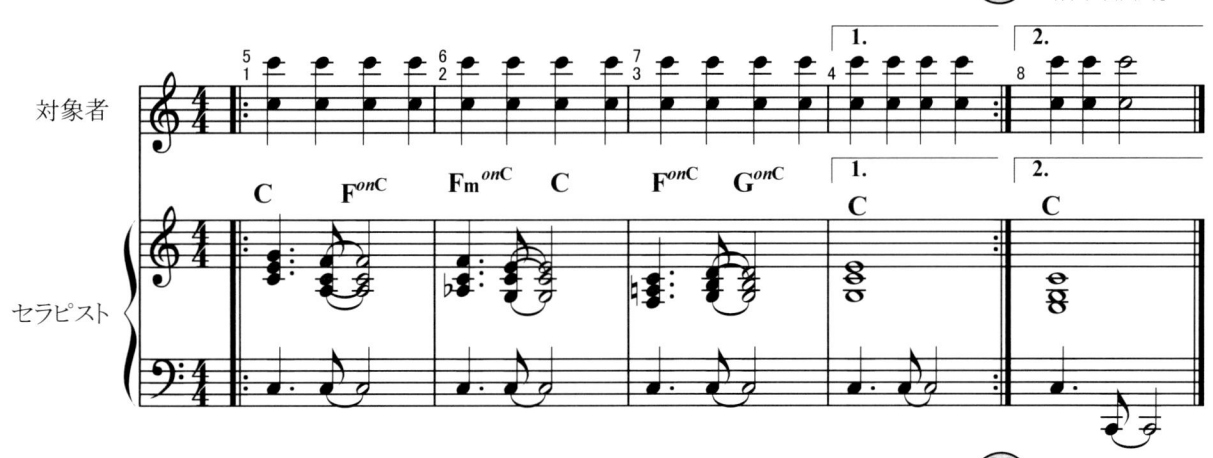

（例2）対象者役の人はずっとG音を演奏します。（一人でする場合 CD-38） CD38

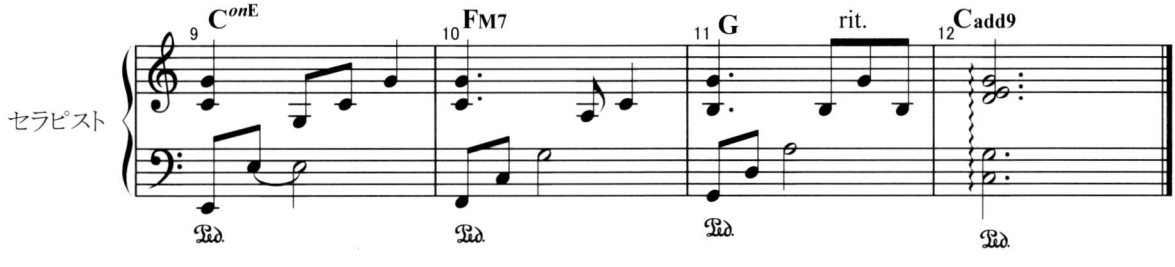

作曲 菅田文子

ペダル・ポイント

前記の（例1）と（例2）では、対象者役の演奏する音が「ペダル・ポイント」になっています。ペダル・ポイントとは、ある特定のコード進行の間ずっと、その調の1度（トニック）または5度（ドミナント）の音を、ソプラノ声部（最高音）またはバス声部（最低音）で連続的に持続させることです。

（例3）対象者役の人はずっとB♭のミュージックベルかトーンチャイムを鳴らします。2拍目で鳴らすように作ってありますが、どのタイミングで鳴らしても大丈夫です。
（一人で練習する場合　CD-39　ベルだけの練習用はCD-40）

作曲　菅田文子

作曲のヒント

対象者の使う1音を含む和音ならばきれいに響きます。たとえば対象者が **C音を鳴らす場合**、次の和音はどれも使えます。(他にもあります。)

課題 25-2　1音のための作曲の練習
（1人でできる）

目標5 音楽療法の活動目標にそった作曲ができる

前記の練習課題を踏まえて、対象者が1音を鳴らし続けることのできる短い曲（8小節～12小節程度）を1曲作り、譜面に書きとめてください。

タイトル＿＿＿＿＿＿＿＿＿＿　　対象者の音（　　　）

課題 25-3　コード付け課題⑥「月の沙漠」
（1人でできる）

目標2 自分が歌えるメロディーに伴奏がつけられる

次のメロディーにコードをつけてください。

月の沙漠　　作詞：加藤まさお　作曲：佐々木すぐる

つきの　―　さばくを　はー　るばると　たび
の　―　らくだが　ゆーき　ました　きん
と　―　ぎんとの　くー　らおいて　ふた
つ　―　ならんで　ゆーき　ました

26日目 モード(旋法)と慣用的な表現①

ドリアン・モードの響きを味わって即興する
CD 41

　モードとは、「スケール(音階)にもとづいてハーモニー(和音)も成立させようという方法論」のことです。一般的には次に示すグレゴリアン・モードの7種類をモードといいます。丸で囲んであるのが特性音(キャラクター・トーン)です。特性音を弾くことで、通常の長調、短調のスケールとは違う雰囲気を作ることができます。

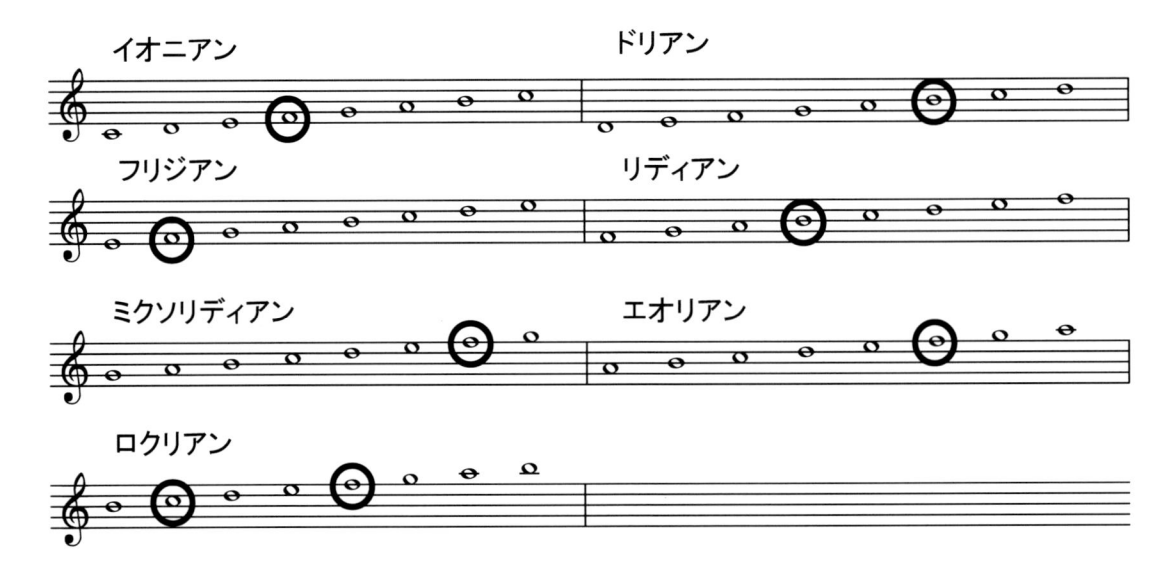

イオニアン　　　　　　　　　ドリアン

フリジアン　　　　　　　　　リディアン

ミクソリディアン　　　　　　エオリアン

ロクリアン

　上記のように7種類のモードがありますが、本書では、臨床的即興で用いられる頻度の高い「**ドリアン**」と「**リディアン**」について述べます。

課題 26-1 「ドリアン」の練習 ①和音

1人でできる
目標5 音楽療法の活動目標にそった作曲ができる

　この鍵盤の図のように右手指を置き、左手はDのオクターブで鳴らし続けながら、右手の形をそのまま固定して左右にひとつずつ動かしてハーモニーを作りましょう。特性音の近くをうろうろ弾くとドリアンらしさが出ます。

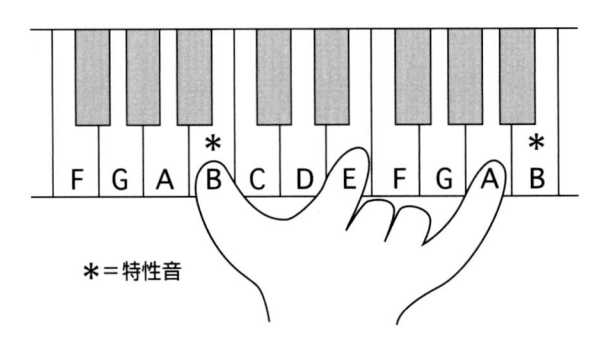

F G A B C D E F G A B
＊＝特性音

（例1）譜面で表すと次のようになります。弾いてみてください。
（全体的にダンパーペダルを踏んで響かせながら）

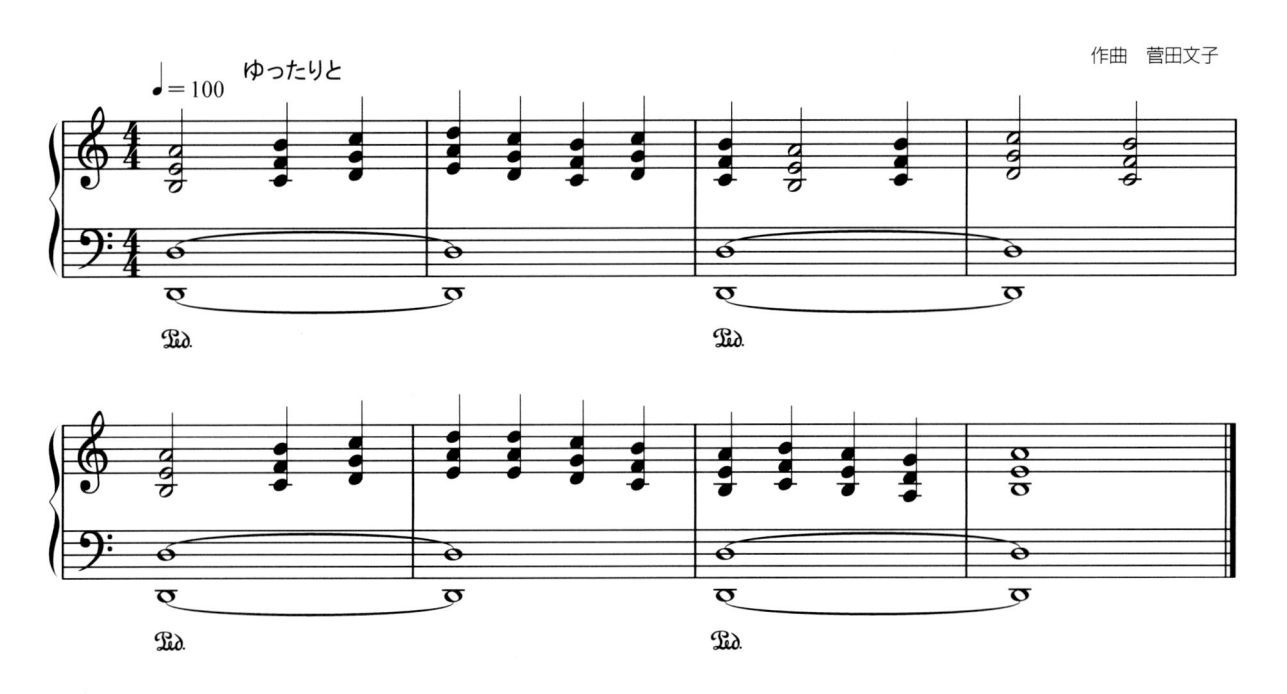

作曲　菅田文子

（例2）2人一組となり、対象者役とセラピスト役に分かれて行います。
対象者役の人はシンバルをそっとたたきます。

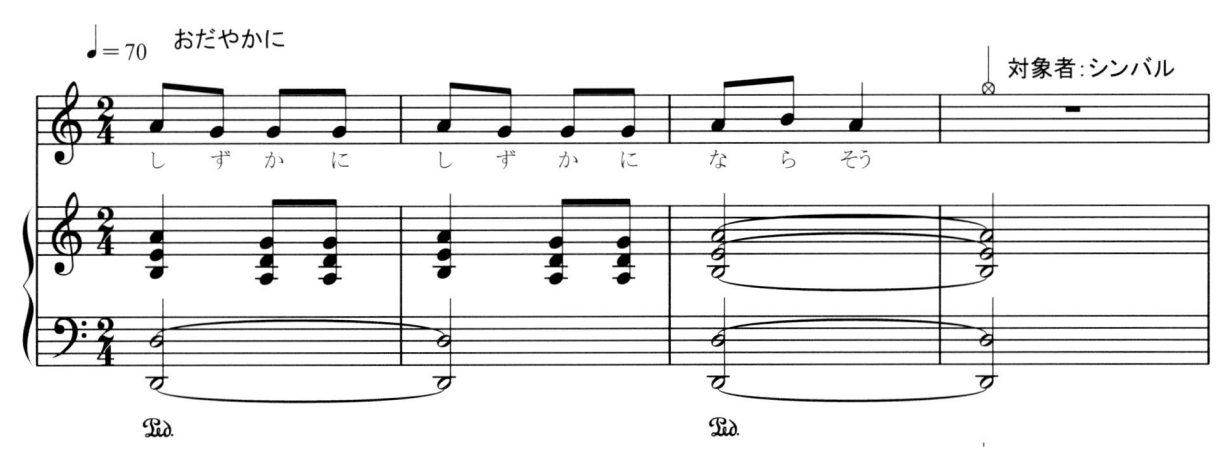

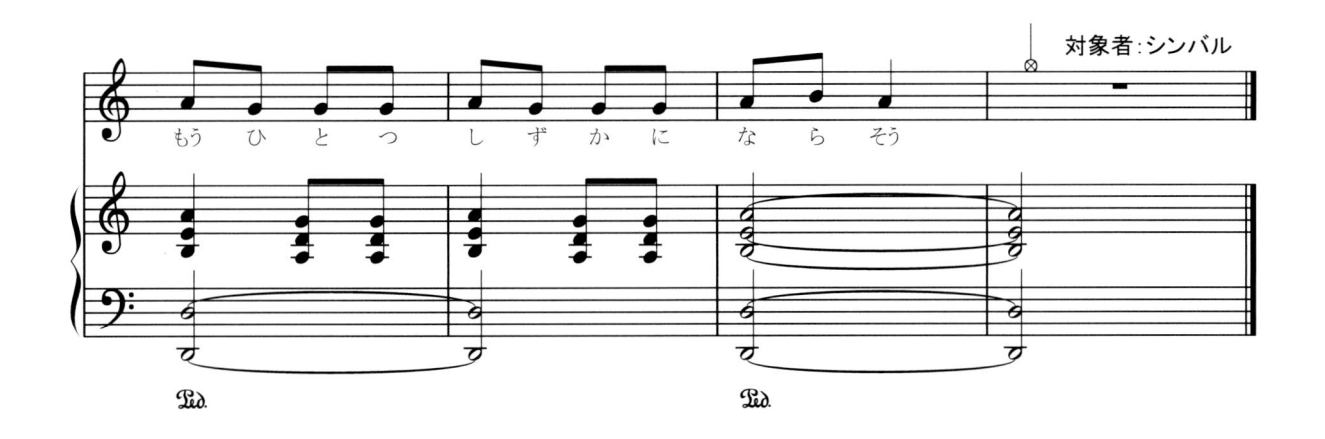

作曲　菅田文子

課題 26-2 「ドリアン」の練習② スケール

目標2 自分が歌えるメロディーに伴奏がつけられる

モードは、1960年代のジャズでも、コード進行にしばられない自由な即興のために用いられました。以下の譜面の囲み部分は、ジャズの5拍子で有名なスタンダード曲「Take Five」の伴奏パターンです。この伴奏に合わせてDドリアンを使い即興でメロディーを演奏してみましょう。(伴奏がCDに入っています。)

CD 41

メロディで即興するコツは、スケールをそのまま弾くのではなく、短く、話すように形作りながら演奏することです。上の譜面を参考にしてください。

課題 26-3 コード付け課題⑦「燃えよドラゴンズ」

目標2 自分が歌えるメロディーに伴奏がつけられる

次のメロディーにコードをつけてください。

燃えよドラゴンズ！球場合唱編（2008）　　作詞・作曲　山本正之

と－おい　よぞ　らに　　こだ－まする　　りゅうの　さけ　びを　　みみ　にして

ナーゴヤドームに　　つめかけた　　ぼくらをじーんと　しびれさす

いいぞ　がんばれ　　ドラーゴンズ　　もえよドラゴン　ズ

27日目 モード（旋法）と慣用的な表現②

半音階から生まれる特徴的な響きを使って即興する

CD 42

課題 27-1 「リディアン」の練習

1人でできる

目標5　音楽療法の活動目標にそった作曲ができる

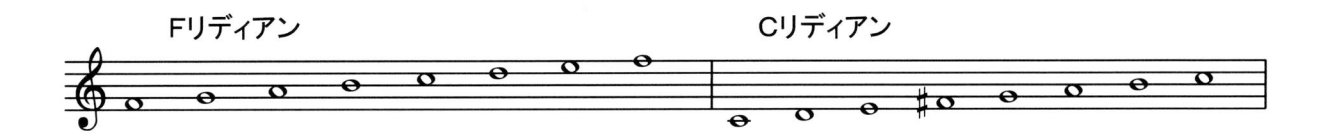

Fリディアン／Cリディアン

　リディアンは、4番目の音が特徴的で、ひっかかり突き刺さるような響きとなります。次は左手で演奏します。右手はタマラカス（卵型マラカス）を振りながら、弾き歌いします。

タマラカスのうた

作詞・作曲　菅田文子

ふれふれふれ　ふれ　ふれふれふれ　ふれ
ふれば　おとがする
ふれば　おとがする

[楽譜: 16〜24小節、31〜32小節 メロディーと左手]

16　○○ちゃんの　17　たまご　18　せんせいの
19　たまご　20　ふたりで　21　たまご　22　ならそう
23　よ　24　31 D.C. る　32　Coda

この左手の和音がマイナーコードだと甘い響きとなり、リディアンによる刺激的な印象とはだいぶ異なります。

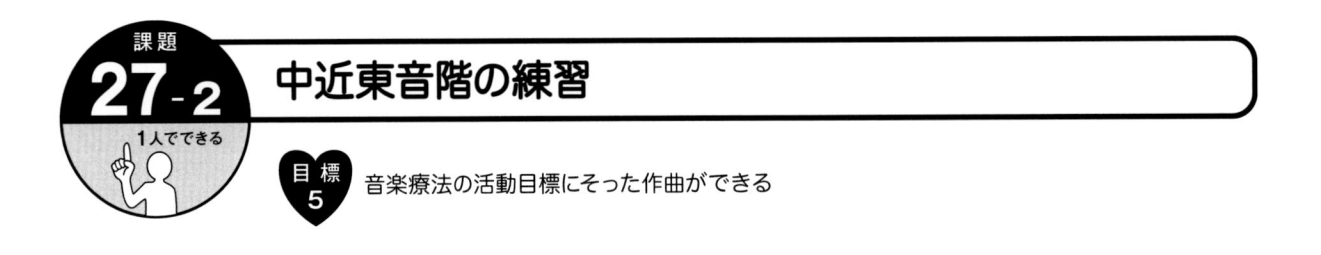

課題 27-2　中近東音階の練習
1人でできる

目標 5　音楽療法の活動目標にそった作曲ができる

[楽譜: C 中近東音階]

グレゴリアン・モード以外でも音階で音楽を作ることができます。

次は中近東音階（ミッドイースタンスケール）で作った曲の例です。音階の第1音と2音の間が半音階であることからドライブ感が感じられ、打楽器の演奏を促すときなどに使うことができます。

（例）ペダルは踏まずに、左手のリズムを軽快に刻んでください。

作曲　菅田文子

課題 27-3 中近東音階の即興

1人でできる

目標 5 音楽療法の活動目標にそった作曲ができる

左手の伴奏パターンを簡単にして、右手で中近東音階を使った即興をしてください。

即興が難しい人は、以下の譜面をそのまま弾いてから、次のリピートで左手の伴奏パターンをこのままで、右手で即興を続けてください。

即興の例をCDに入れています。 CD 42

作曲 菅田文子

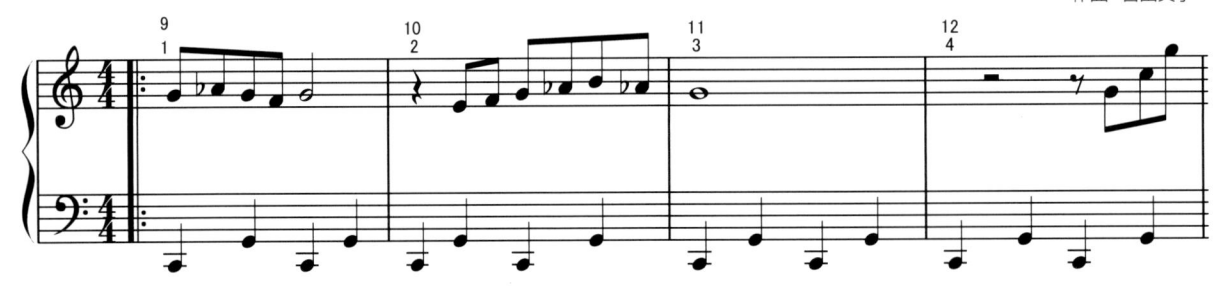

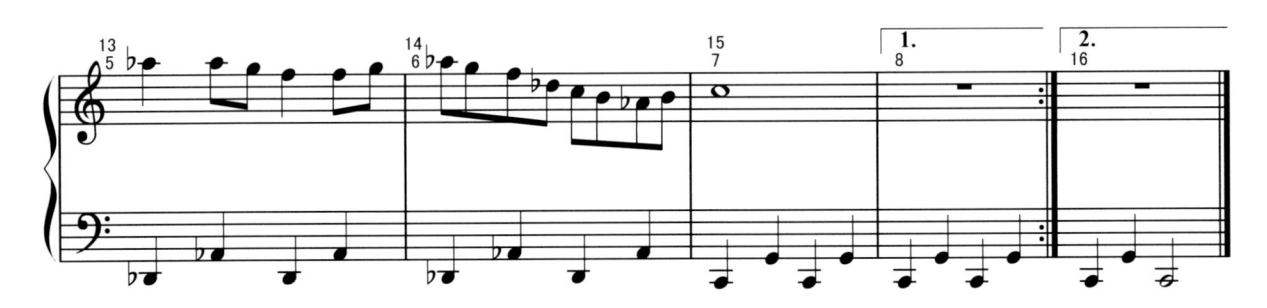

課題 27-4 コード付け課題⑧「WORLD FOOTBALL ANTHEM」

1人でできる

目標 2 自分が歌えるメロディーに伴奏がつけられる

次のメロディーにコードを付けてください。(みなさんには「FIFA賛歌」として親しまれている曲です。)

WORLD FOOTBALL ANTHEM

作曲：フランツ・ランベルト

WORLD FOOTBALL ANTHEM
LAMBERT FRANZ / LOEW PETER

© FEDERATION INTERNATIONALE DE FOOTBALL ASSOCIATION
and MCL MUSIKVERLAG
107Permission granted by FUJIPACIFIC MUSIC INC.
Authorized for sale in Japan only

28日目 モード（旋法）と慣用的な表現③

ドライブ感豊かなスペイン風音階を使って即興する

CD 43

課題 28-1 「スペイン風音階」の練習

1人でできる

目標2 自分が歌えるメロディーに伴奏がつけられる

E スペイン風音階　　　　　　　　A スペイン風音階

スペイン風音階も、中近東音階と同様に第1音2音の間が半音階で、ドライブ感のある音楽を作ることができます。以下の例を弾いてください。

例1）はっきりと ♩=80　ねばる　軽く刻む　　　　　　　　　　　　　　　アレンジ 菅田文子

例2）♩=60 歯切れよく　　　　　　　　　　　　　　　　　　　　　　アレンジ 菅田文子

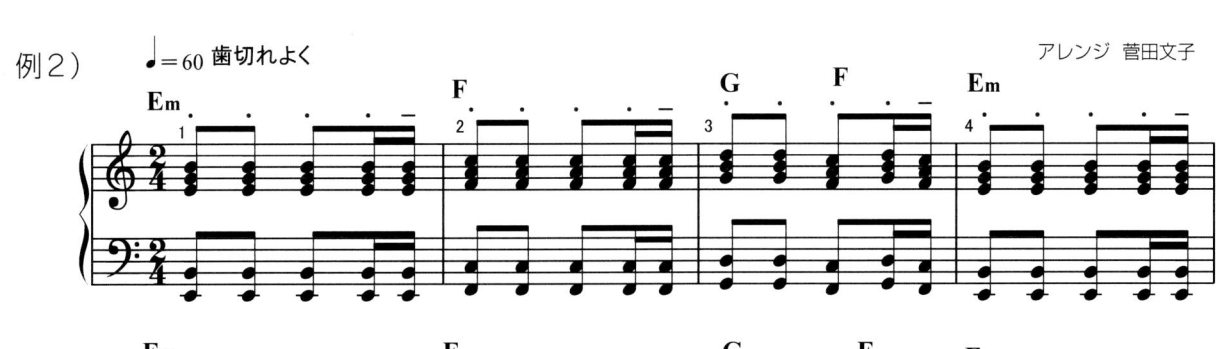

課題 28-2 「スペイン風音階」の即興

1人でできる

目標5 音楽療法の活動目標にそった作曲ができる

CD 43

1〜16小節は譜面を弾き、リピートになった17〜32小節は即興演奏してください。

1〜8小節、13〜16小節はEスペイン風音階、9〜12小節はAスペイン風音階を使います。

アレンジ 菅田文子

課題 28-3 コード付け課題⑨「ゲゲゲの鬼太郎」

1人でできる

目標2 自分が歌えるメロディーに伴奏がつけられる　　次のメロディーにコードをつけてください。

ゲゲゲの鬼太郎

作詞 水木しげる　作曲 いずみたく

ゲ　ゲ　ゲゲゲのゲ　あさはねどこで　グーグーグー
たのしいな　たのしいな　おばけはがっこうも　しけんもなんにも
ない　ゲ　ゲ　ゲゲゲのゲ　みんなでうたおう　ゲゲゲのゲ

29日目 モード（旋法）と慣用的な表現④

日本人になじみのある民謡音階で即興する

CD 44　CD 45

課題 29-1　「民謡音階」の即興「こきりこ節」

1人でできる

目標4　基本拍を促す伴奏ができる
目標5　音楽療法の活動目標にそった作曲ができる

　4日目（p.17）でも学んだペンタトニックの中でも、特に民謡音階はモードとして使うことができます。民謡音階は私たち日本人になじみのある音階で、打楽器で合わせる合奏が自然にできます。

　既成曲と即興を組み合わせることにより、既成曲の良い点（見通しが立てられて安心する）と、即興の良い点（相手に合わせた柔軟な対応ができる）の両方を治療的に用いることができます。ここでは、民謡音階を使って既成曲と即興の組み合わせを行います。
　5小節目から16小節目は「こきりこ節」ですが、17小節目から32小節目までは即興になります。（17小節目から24小節目は即興の例としてメロディーが書いてありますが、その通り弾かなくてもよいです）。即興の後はまた「こきりこ節」に戻ってください。即興のときは次の民謡音階（レから始まる）を使ってください。

民謡音階（レから始まる）

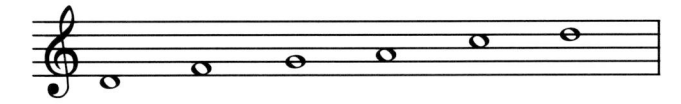

　また、左手のリズムは拍をしっかり刻んでもらえるように、低音域でしっかりアクセントを置いて演奏してください。

　民謡の2拍子（左手伴奏）は、「ずんちゃ、ずんちゃ」という、頭の1拍目に重めのアクセントを置き、2拍目は軽く切るようなノリで演奏すると雰囲気が出ます。この2拍子は日本民族が自然に乗ることができるリズムであるとも言われています。「ソーラン節」「黒田節」など、この2拍子のリズムを持つ民謡はたくさんあります。高齢者が手拍子をしやすいリズムの形です。
　左手の伴奏は一定のノリで演奏しながら、右手は軽やかに装飾音符などを多用しながら演奏すると、祭囃子の笛の音のような効果が生まれます。

こきりこ節

富山県民謡
アレンジ 菅田文子

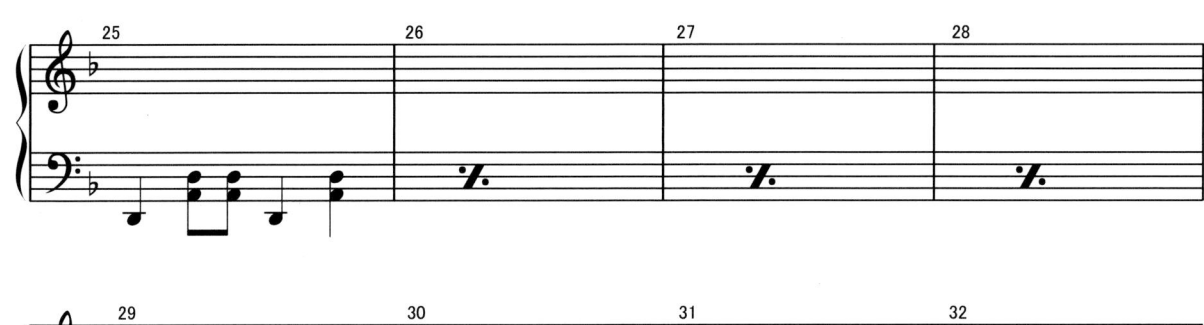

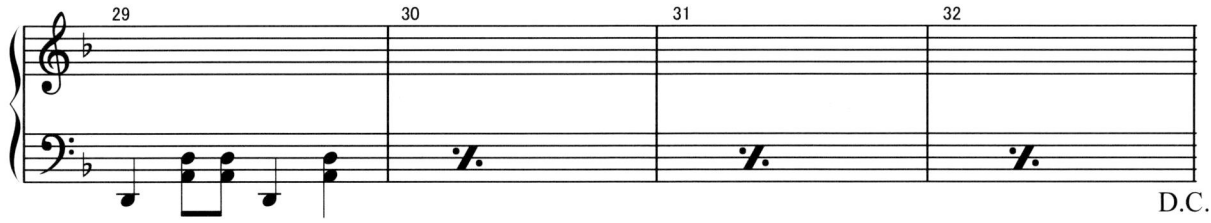

課題 29-2 さぐり弾き課題 ⑭「赤鼻のトナカイ」

1人でできる

目標1 自分が覚えているメロディーは、楽譜がなくても弾けるようになる

目標2 自分が歌えるメロディーに伴奏がつけられる

以下の曲を自分の演奏しやすい調で演奏してください。　CD 45

赤鼻のトナカイ

日本語詞　新田宣夫
作曲　ジョニー・マークス

真っ赤なお鼻の　トナカイさんは
いつもみんなの　わらいもの
でもその年の　クリスマスの日
サンタのおじさん　いいました
暗い夜道は　ピカピカの
おまえの鼻が　役に立つのさ
いつも泣いてた　トナカイさんは
今宵こそはと　よろこびました

RUDOLPH THE RED NOSED REINDEER
MARKS JOHN D

Words & Music by Johnny Marks
© Copyright 1949 by ST. NICHOLAS MUSIC, INC., New York, N.Y., U.S.A.
Rights for Japan controlled by Shinko Music Publishing Co., Ltd., Tokyo
Authorized for sale in Japan only

30日目 臨床における応用

演奏中の対象者の反応をこまかく観察しながら

これまで学んだ課題を臨床で応用しましょう。

課題 30-1 対象者の変化に即応し、対象者の反応を記憶する

2人で行う

目標4　基本拍を促す伴奏ができる　　目標5　音楽療法の活動目標にそった作曲ができる

方法

1. セラピスト役がピアノ、対象者役がスネアドラムとシンバルを担当します。
2. セラピスト役は、対象者役の楽器によって演奏を次のように変えます。
   - 対象者が**スネアドラム**をたたいているとき　→　**短調による基本拍を促す即興**を
   - 対象者が**シンバル**をたたいたとき　→　**ドリアンによる即興**を
   - 対象者役が**スネアドラム**をたたいているとき　→　**中近東音階による即興**を
   - 対象者役が**シンバル**をたたいているとき　→　**短調の即興**を行います。

   大切なことは、楽器が変われば演奏を変えることです。
3. 演奏しているときに対象者役は右手だけでたたいたり、左手に変えたり、両手で同時にたたいたり、交互にたたいたりと**さまざまなたたき方**をしてください。セラピスト役の人は、演奏しながら対象者役の人を見て、**どのようなたたき方をしていたかを覚える**ようにしてください。
4. 演奏を終えたら、セラピスト役の人は、**対象者がどのようなたたき方をしたかを振り返り**、対象者役の人は、セラピスト役の人が正確に覚えていたかをチェックしてください。この振り返りは、セラピスト役の人がノートに書き、対象者役の人に答え合わせをしてもらってもよいです。

単に相手に合わせた演奏をするのではなく、次のセッションにつなげるために対象者の演奏を記憶することはセラピストにとって必要な能力です。演奏をどちらの手でどのようにしていたかだけではなく、実際のセッションでは**対象者の視線や表情、音の大きさやリズム**なども観察する必要があります。自分の演奏と対象者の演奏をただ合わせるのではなく、対象者の反応を見ながら変化させられるようになるのが目標となります。

　本書の課題はこれで最後です。
　たくさんの課題がありましたが、**臨床的即興は相手があってこそ**の即興演奏なので、自分で練習するだけで完結せずに、実際に臨床で使う前には、必ず**もう一人と組んで**練習してください。そして、演奏中に**どんな気持ちの変化を感じたか**、演奏の後に意見を交換してください。
　音楽療法の対象者の中には自分の気持ちを言葉で正確に表現することが困難な人が多くいます。自分の演奏が相手にどのような気持ちの変化を引き起こしているのか、**相手になった人の意見に耳を傾け、腕を磨いて**いってください。

音楽療法で使う「作曲」を始めるにあたって

●対象者がいて初めてできる作曲

音楽療法で求められる作曲の種類を分類すると以下の3通りがあるように思います。

1．音楽療法のセッション中に、対象者の演奏や言葉を取り上げて発展させ、曲の形に整える即興演奏を基とした作曲。対象者の反応や行動の変化に対応しながら、セラピストがリードして作ります。(例：本書の7日目〜13日目のいくつかの課題)

2．対象者の臨床上の目的を達成するために、対象者の名前や目的行動を入れて作る作曲。順番を待ったり身体を動かしたり、特定の音やリズムを演奏し続けることなどを目的として作った曲です。(例：本書の17日目〜25日目の課題)

3．対象者の書いた詩にメロディーやコードをつけて作る作曲。その場で演奏することもあれば、後から何度も聴き返すことができるように録音することもあるでしょう。
(例：本書の23日目)

上記の1と2はセラピストが主体となって音楽を作ります。それに対して、3．の対象者の書いた詩に曲をつけることは、より共同作業的な意味合いが強くなります。

創造的な活動を共有することは、対象者とセラピストとの間を特別なものにします。音楽療法においてラポール（治療上の信頼関係）を築くためには、対象者の音を対象者と同様に尊重することが大切ですが、対象者の内面を表した言葉を音楽にする作業をすることで、対象者の内面も大切にしているということを態度で分かりやすく伝えることになるのです。

世界にひとつしかない、対象者のための曲を音楽療法士が作ることは、対象者にとって何物にも代えがたい大切な体験になります。緩和ケアにおける音楽療法セッションでも、身体の筋力が衰えた末期の患者が額につけた棒で鍵盤を指し示し、セラピストがその音を拾い曲に仕上げたという事例があります（D・サーモン、G・バイテル『歌の翼に』春秋社、2004）。

本書には著者が臨床の現場で作った曲の例をいくつか載せています。本書p.89〜90の「タマラカスのうた」は、当時8歳の自閉症の対象児と一緒にその場で作り、活動していた曲です。その後、対象児が指先のケガで1カ月の長期入院をしたときに録音して届けました。じっとしていることが苦手な障害を持つ対象児が、録音された歌を繰り返し聴き一緒に歌うことで、少しですが落ち着きをみせたと後で母親からの報告がありました。当時（10数年前）はカセット

テープに生演奏を録音したものでした。

●音楽療法で必要な作曲は時代を反映する

　今ではDTM（パソコンと電子楽器を用いた音楽制作）が手軽にできる時代になっています。DTMや音声合成ソフトを使って作られる音楽は、現在のポピュラー音楽では主流な方法で、主に若い世代に支持されています。今の時代の音楽を取り入れていくのも、音楽療法士として大切な教養ではないでしょうか。

　時代とともに支持される音楽は移り変わります。
　1930年代のアメリカでは、ジャズは不道徳な音楽と考えられていて、音楽療法で用いるなんて考えられないという風潮であったそうです。今ではどうでしょう。現在のアメリカでは、暴力や犯罪を取り上げた過激な内容のラップミュージックなども、青年期の対象者の心理状況を理解するためにセッションで取り上げられています。
　どんな音楽を好んで聴いているかということは、その人の内面を理解するひとつの方法です。**音楽療法で用いることのできる音楽にタブーはなくなったと考えてよい時代になっている**と筆者は考えます。

　特に日本において、音声合成ソフト（ボーカロイドとして知られています）を用いた楽曲が若い世代に支持されているのは、デジタル技術によってその楽曲に魅力的なキャラクターを創りだすこと（物語化）ができる面白さもありますが、やはり歌詞や曲調が彼らの感性にフィットするものがあるからでしょう。かつてのフォーク世代がその歌詞に共感したようにです。そして自分の作った作品をネットを通じて多くの聴衆と共有したり、批評を受けたりするなかで、創作の手ごたえを実感できるからでしょう。ここにデジタル時代の新しい作曲と聴衆のありかたの一つが垣間見られるように思います。

　本書の付属CD-46からCD-56までは、音声合成ソフトを使って筆者が作った曲を収録しています。これらの曲のために選んだ詩は、歌詞として発表されたものではなく、最後の一つを除けばネット上で発表された、著作権者であることを主張しない匿名の詩ばかりです。
　実際に対象者の詩に曲を付けるときには、歌詞として形を整えるために対象者と話し合い、言葉の数を変えてもらったりすることも必要になると思います。そういった話し合いを重ねることも、対象者とセラピストの関係を作る過程であると思います。

　本書で課題として出している作曲手法は歌詞がもともとあってそれに曲を付ける「詞先（しせん）」と呼ばれるものです。人によっては曲が先（曲先）の方が作りやすい人もいると思います。どんな作り方をしてもよいのですが、参考までに、著者の作り方を次に述べます。

●イメージやアイデアを曲にまとめるまで

　著者は自分であまり詞を書かないので人の作った詞を使い詞先で作ることが多いです。まず、詞をプリントアウトして持ち歩き、暇があれば眺めるようにします。何度も詞を眺めているとなんとなくその詞がリズムを持って聞こえてくるような気がするので、それを五線譜に書き留めたり、最近では歌声合成ソフトをパソコンで立ち上げていきなり打ち込みはじめたりします。相性が良いと読んだとたんに頭の中でメロディーが鳴りますが、だいたい数日は詞とにらめっこしています。

　詞のことばが持つリズムをメロディーのイントネーションに当てはめると自然に聴こえます。しかしそれは原則ではなく、あえてイントネーションをはずしたメロディーにして、器楽的にメロディーラインを使うこともあります。原則として、ゆったりとしたテンポの曲ではことばのリズムをメロディーに当てはめ、速いテンポの曲はあるていど勢いにまかせてよいと思います。

　曲によってはコード進行や曲調のアイデアがあり、それを流しながらメロディーを作る方法もとっています。

　1つの曲の中でストーリーが感じられるように全体の構成を考えます。
　短い詞の場合は、形を整えるために最初の印象的な詞を繰り返すこともあります。音楽は繰り返しがあっても問題がなく、むしろ適度な繰り返しは曲調を明確にするために望ましいと思います。
　詞のイメージから逸脱しないように曲のテンポと曲調を考えます。テンポはいくつで何拍子の曲なのかを決めてクリック音を鳴らしながらピアノ、ドラム、ベース、ギターやシンセサイザーといった順番でリアルタイム入力していきます。パソコンの性能やソフトウェアの問題で入力のタイミングが多少ずれたりすることがあるのでクオンタイズ（タイミングを拍に合わせる機能）をかけることもありますが、ぴったりとタイミングをあわせないほうが自然だと思われるときはわざと入力したままを残すこともあります。筆者自身が一番弾き易い楽器が鍵盤楽器なので、すべて鍵盤楽器で入力しています。ピアノの音色は鉛筆書きみたいに最初に入力して、だいたいの構成を決めてからリズムを入れます。ドラムやベースが入るとピアノの左手部分の音数が多すぎてうるさく聴こえるので、最終的にリズムが入った後には入れなおしてもう少しシンプルにすることも多いです。

　CD-46 から CD-56 までの 11 曲は DTM で作り、アレンジした伴奏に音声合成ソフトの歌声を乗せてミックスしてあります。
　実際に歌うことを考えた場合、キーはもう少し低めな必要があると思いますが、作品として音声合成ソフトの音声がより明瞭に聴こえるキーに上げている曲もあります。

●課題 23-1 の作曲例より創作メモ

　作曲の例として入れた 11 曲について、著者がどのように考え、作ったかを以下に書いておきます。

track 46「雲」
長さを出して、曲としての形を整えるために最初の文章を後にもつけてサビのようにしています。弱起から入り突然全部のバンドサウンドが鳴るとはつらつとした感じにならないかと思いそのようなアレンジで作りました。この曲だけギターを弾いて入れています。

track 47「日常」
冒頭のフレーズのメロディーが浮かび、それに合わせてリズムのリフが出来ました。ありがちな J-POP 風にしています。スネアドラムにクラップ音（拍手）を大き目にかぶせると今風のリズムセクションに聴こえます。

track 48「イイモノ」
詩を読んで、これはすこしやさぐれた感じのブルースにしようと思いました。メロディーをところどころ微妙に下げて（$1/4$ 音くらい）全体的にルーズな感じを出そうとしました。

track 49「君へ」
詩の印象がはつらつとした男性ボーカルだったので、テンポを上げ、ひずんだギターの音を入れて作りました。

track 50「Happy?」
詩の内容が自問自答なのかなと思い、同じ声を重ねて左右に振って作りました。詩が短いのでＡＢＡ形式にしました。

track 51「あの人」
コード進行とスタイルから作りました。テンポの速いジャズにしようと思い、ビバップの名曲「Confirmation」からコード進行を借りています。同じ詩の繰り返しですがコード進行に乗せるためにメロディーを変えました。この曲はシンプルなアンサンブル（ドラム、ベース、ギター、ピアノに歌）でできています。

track 52「平等」
メロディーが先にできた曲です。メロディーにブルーノートを使い少し暗い雰囲気にしようとしました。この曲が最もシンプルなアレンジ（ピアノ、パーカッション、歌）になっています。

track 53「知らない」

詩の印象が淡々としたものだったので、音楽スタイルも淡々としたボサノバで作ろうと思い立ちました。詩がこのように曲のスタイルやテンポを決めることはあるように思います。この曲はまずスタイルを決めて、コード進行を決めて、それを何度も弾きながらメロディーを考えました。もととなる詩が先といっても、曲が先なようにも思える作り方でした。

track 54「恋の詩」

メロディーから作りました。詩が短いので最初の部分を後にもつけてＡＢＡ形式にしました。

track 55「パンダ社会」

詩を３つに分割してそれぞれ考えました。激しい感じのロックが合うかなと思いました。言葉を１小節内にたくさんつめこみ、器楽的にメロディーラインを作りました。そういった、実際には歌いにくいくらいに早口になるところが音声合成ソフトを使った曲のひとつの特徴だと思います。ひずんだオルガンが８ビートを刻むのが 70 年代風だと思います。

track56「私の墓は」

高齢者を意識した曲として選びました。ゆるやかなテンポを使い、複雑なシンコペーションをメロディーに含まないこと、無理な跳躍をしないこと、部分的にですがペンタトニックを使うなど、自分に制約をはめて作ってみました。

●「作曲」が治療的にはたらくとき

今回取り上げた詩は、内容にやや過激なものも含まれています。曲をつけることで、よりメッセージ性が強くなるので、今回 CD に入れてもよいのだろうかと少し考えました。しかし筆者は、上述したように、**音楽療法で用いる音楽に、使ってはならない、あるいは避けるべきものは無い**と考えます。

人のネガティブな思いや、一般的に不適切な表現も、治療の場で取り扱うことがセラピストには求められます。明るく、楽しく、さわやかなものだけが音楽療法の音楽ではありません。むしろ、内面の人に聴かせたくないような部分をさらけだしてくれた対象者に感謝しながら音楽を作っていくことが治療的にはたらくと思います。作曲は音楽活動のなかでも最も創造的な営みです。そして、創造的な活動を共有することは人の心を揺さぶります。この文章や、CDの音楽から、作曲に興味を持ち、やってみようかなと思ってもらえれば、とてもうれしいです。

使用機材

DAW ソフトウェア：Steinberg　Nuendo

内蔵音源：Steinberg Hypersonic, mda Piano 他

音声合成ソフト：Yamaha Vocaloid2 初音ミク、鏡音リン・レン act2、Megpoid

指導者の方へ　本書の活用ガイド

　筆者はこの本を短期大学の2年生に対して前期、後期の通年で設定した授業15週×2回＝30回分のテキストとして使っています。以下に具体的な授業の方法について簡単に述べます。

　この本を授業で用いる目的は、本の「はじめに」(p.6～7)に書いたように、**「現場で即興演奏と即興的な対応ができるようになるため」**です。しかし、この「即興演奏と即興的な対応」にはさまざまなレベルがあります。本書を用いて初めて即興演奏を学ばせる場合には、**「対象者の出すテンポに合わせた演奏ができる」**、**「対象者の不規則なリズムを整える演奏ができる」**、**「対象者の動きを促す伴奏ができる」**など、具体的かつ初歩的な事柄が目標となります。

　また、即興的対応の1つの形として、筆者は**「さぐり弾き課題」**と**「コード付け課題」**を重視しています。これは、「頭の中で鳴っている音(記憶している音)を、実際の演奏で再現する」力をつける課題で、現場に出たときにうろ覚えの曲をなんとか形にすることや、対象者のリクエストに応えるためにもぜひとも身につけてもらいたい能力です。これには反復練習が必要なため、本書でも1日ごとの課題に、ほぼ毎回入れています。

1. 授業の形態

　筆者は、教員用のピアノが1台と、学生の人数分の電気ピアノ、人数分のヘッドホンがある部屋で授業を行っています。1人ひとり見回って課題のチェックをしますので、90分の授業で15～17名くらいまでが適切な人数です。20名を超えると教員1人では時間内に全員の課題をチェックするのが難しくなります。

学生数のキーボードがあるという前提で、それらに加えて準備するものを課題ごとに以下の表に記しました。

2. 本書で使う楽器

- ・人数分の打楽器(カスタネット、マラカス、タンバリンなどなんでもよい)
- ・ミュージックベル、トーンチャイム1セット
- ・音積み木、ミュージックパッド1セット(代用可能、無くてもよい)
- ・太鼓(スネアドラムあるいはフロアタム)1個、シンバル1台(1クラスにこれだけでよい)
　(太鼓はタンバーで代用可能)
- ・スティック2本

以上の楽器を、課題のどこで使用するか、次ページの表にあてはめました。

3. 授業の流れ

　課題のページを開かせて注意点や狙いを説明した上で、学生たちにヘッドホンをかけて各自練習するように伝えます。(約10分)

　「さぐり弾き」や「コード付け」の課題は、ほぼ毎回与えています。この課題は繰り返し練習することが習得のために必要だからです。

　本文の例に限らず、学生が「知っている、覚えている」歌であまり長くないものならなんでもOKです。ご当地にしか流れていないCMソングなど、聞き覚えのある曲を実際に弾いてみるのもよい試みです。

各課題で使用する楽器

1	対象者に合わせるための練習① （本文p.8〜11） 　　学生の人数分の打楽器、ミュージックベル1セット 　　（DとGがあたらない学生には鍵盤の音で練習させます）
2	対象者に合わせるための練習② （本文p.12〜13） 　　ミュージックベル1セット 　　（CとG、DとA、EとBなど5度の音程で2人ペアに渡します）
3	ペンタトニック　　自由に即興演奏をするための練習　　（本文p.14〜16） 　　音積み木1セット（黒鍵だけを使う）　対象者役が演奏します。ピアノの黒鍵で代用可能
4	さまざまなペンタトニック　　（本文p.17〜20）　　準備物：特になし
5	主要三和音の伴奏づけ（長調）　　（本文p.21〜22）　　準備物：特になし
6	主要三和音の伴奏づけ（短調）　　（本文p.23〜24）　　準備物：特になし
7	主要三和音の即興的な使い方　　（本文p.25〜27）　　準備物：特になし
8	主要三和音で一緒に演奏を終わる練習（key =F♯）　（本文p.28〜31） 　　ミュージックベル、トーンチャイム、音積み木どれかを1セット（黒鍵だけを使う） 　　対象者役が演奏します。ピアノの黒鍵で代用可能
9	基本拍を促す伴奏①　既製曲の基本拍　（本文p.32〜34）タンバリン1個（教員用）
10	基本拍を促す伴奏②　太鼓とピアノの即興　（本文p.35〜37） 　　太鼓あるいはタンバー、スティック2本（教員用）
11	基本拍を促す伴奏③　太鼓とピアノの即興、応用　（本文p.38〜40） 　　太鼓あるいはタンバー、スティック2本（教員用）
12	基本拍を促す伴奏④　太鼓とピアノのテンポ変化　（本文p.41〜43） 　　太鼓あるいはタンバー、スティック2本（教員用）
13	基本拍を促す伴奏⑤　太鼓、シンバルとピアノの即興課題　（本文p.44〜46） 　　太鼓あるいはタンバー、シンバル、スティック2本（教員用）
14	さまざまな伴奏パターンを学ぶ①　民謡　（本文p.47〜49）準備物：特になし
15	さまざまな伴奏パターンを学ぶ②　軍歌（本文p.50〜51）　準備物：特になし
16	さまざまな伴奏パターンを学ぶ③　演歌（本文p.52〜56）準備物：特になし
17	目的に合わせて作曲する①　リラックス体操の伴奏　（本文p.57〜58）準備物：特になし
18	目的に合わせて作曲する②　タオル体操の伴奏　（本文p.59〜60） 　　人数分のタオル（なければ2〜3本でもよい。学生数名に対象者役をやってもらう）
19	目的に合わせて作曲する③　嚥下体操の伴奏　（本文p.61〜66）準備物：特になし
20	目的に合わせて作曲する④　「待つ」ための曲を作る　（本文p.67〜69） 　　タンバリンを学生の人数÷2の数。たりなければ教員用だけでもよい
21	目的に合わせて作曲する⑤　動きを促す音楽の作曲　（本文p.70〜73） 　　ミュージックパッド1セット。なければミュージックベルで代用可能 　　小物打楽器（鈴、マラカスなど）
22	目的に合わせて作曲する⑥　気持ちを表す音楽の作曲（本文p.74〜75）　準備物：特になし
23	目的に合わせて作曲する⑦　言葉や詩に曲をつける　（本文p.76〜78）準備物：特になし
24	1音のためのアレンジ　（本文p.79〜82） 　　ミュージックベル、トーンチャイム、音積み木どれか 　　例題で使用するのはAとCの音のみ。

25	1音のための作曲　　　（本文p.83〜85） 　　ミュージックベル、トーンチャイム、音積み木どれか 　　例題で使用するのはC、G、B♭音
26	モード(旋法)と慣用的な表現①　　ドリアンのスケール（本文p.86〜88） 　　シンバルとスティック1本（教員用）
27	モード(旋法)と慣用的な表現②　　リディアン、中近東のスケール　（本文p.89〜92） 　　マラカス、太鼓あるいはタンバーとスティック（教員用）
28	モード(旋法)と慣用的な表現③　　スペイン風音階　（本文p.93〜94） 　　太鼓あるいはタンバーとスティック（教員用）
29	モード(旋法)と慣用的な表現④　　民謡音階の即興（本文p.95〜97）小物打楽器（鈴、マラカスなど）
30	臨床における応用　　　（本文p.98〜99） 　　太鼓あるいはタンバー、シンバル、スティック2本（教員用） 　　学生の練習用に、タンバリンを学生の数÷2個　用意してもよい

4．授業の展開

　できた学生に挙手させて、順番に見ていくようにしています。課題は1人1つずつチェックするので、1人につき複数回見て回ることになります。

　早く課題を発表し終えた学生には、授業時間終了まで次週の宿題を進めておくように伝えます。その他、早く課題を終えた学生たちには余った時間を自習できるように、レッスンで用いている課題の譜面の持ち込みを認めたり、ほんの少しだけでも早く退出できるように配慮すると、他の学生たちも刺激を受けてだらだら時間をすごさないようになります。

5．定期試験、休暇中の課題など

　筆者は前期・後期と授業を行っていますので、前期の試験は太鼓のみで基本拍を促す伴奏に、移調やコード付けを加えて行い、後期の試験は基本拍を促す伴奏の後に対象者がどのようなたたき方をしていたかをレポートで提出する形をとっています。体操の伴奏付け、作曲課題は個性や向き不向きがありますので試験にはふさわしくないように思います。作曲課題は休暇中の課題にして、休日明けに提出してもらい、ここはもう少しこう手を加えるほうがよいなどと個人個人で対応すると良いものができますし、授業の中ではあっても学生と作品を一緒に作る体験となり、学生との関係も良くなるようです。

6．通信制授業、テレビ電話を用いた授業への応用

　即興の授業は双方向で行うことが大切なので、基本的には対面形式で行うことが望ましいのですが、遠隔地にいる学生とテレビ電話などを用いて指導をすることも可能です。その場合、1人でできる課題は1人でやらせて、その様子をテレビ電話で見て指導するという方法が、現在確認されている通信時間のずれに対応する方法です。どうしても2人で行わないといけないような課題は、ずれを考慮しながら指導するか、半期に一度のスクーリングで対面しながら即時的反応を促すような課題をまとめて行うか、などのカリキュラム作りが必要になります。テレビ電話の授業は個人的にあるいは2〜3人で行うことができます。それぞれの学生の演奏を聴くことにより、互いの良い刺激になることや、電話の形であっても個人個人に対応するので、学生と教員が親しみを持って接することができる利点もあります。対面授業の直接的反応には及びませんが、双方の通信状況がよければ対面式に劣らないレベルの指導が可能です。

[付録 CD] 収録内容リスト

　テンポ変化や基本拍に合わせる課題については、ここにテンポ変化や基本拍の一例を入れましたのでいちおうの目安にしてください。またナレーション例やベル音を入れましたので一人で練習する時にお使いください。さぐり弾きの課題や即興演奏と作曲については、これが正解というものはありませんが、初めての人にとってはどのように形にすればいいのかわからないかもしれないと考え、参考になるものを収録しました。

　これらをもとに、あれこれ試行錯誤しながら、場数を踏んでいっていただくことを願っています。

track No.	曲　名	内　容	本書の頁
1	テンポ変化の提示	クリック音によるテンポ BPM90-120-50	p.9・12
2	「かえるの合唱」ピアノ	「かえるの合唱」をTrack 1のテンポ変化に合わせる	p.9
3	「春が来た」ピアノ	「春が来た」をTrack 1のテンポ変化に合わせる	p.12
4	ペンタトニック1分間即興	F♯キーによるペンタトニックで1分間の即興演奏	p.15
5	主要三和音（C）	対象者役（電気ピアノ）に合わせた即興（ピアノ）	p.25
6	「きらきら星」	主要三和音を使用したさぐり弾き	p.27
7	「ぞうさん」（F♯）	F♯キーで「ぞうさん」を演奏	p.29
8	黒鍵で三和音	F♯キーで三和音を使った即興曲	p.29
9	「夕焼け小焼け」	F♯キーで「夕焼け小焼け」。カウントとメロディ入り	p.31
10	基本拍練習用	スネアドラムによる基本拍の提示（MM=120で）	p.32
11	「幸せなら手をたたこう」	基本拍を伝える伴奏	p.33
12	「宇宙戦艦ヤマト」	さぐり弾きの見本	p.37
13	「鉄道唱歌」	ヘ長調に移調した見本	p.43
14	「サザエさん一家」	さぐり弾きの見本	p.46
15	「翼をください」	さぐり弾きの見本	p.49
16	「長良川艶歌」	演歌の伴奏パターン、メロディー入り	p.53
17	「リラックス体操」ナレーション	ナレーション例	p.57
18	「リラックス体操」伴奏つき	伴奏の見本	p.57
19	「エーデルワイス」	B♭キーによるさぐり弾きの見本	p.58
20	「タオル体操」ナレーション	ナレーション例	p.59
21	「タオル体操」伴奏つき	伴奏の見本	p.59
22	「嚥下体操」ナレーション1 深呼吸	ナレーション例	p.62
23	2-1 首の運動	ナレーション例	p.62
24	2-2 首の運動	ナレーション例	p.62
25	3 肩の体操	ナレーション例	p.63
26	4 口の運動	ナレーション例	p.63
27	5 舌の運動	ナレーション例	p.64
28	6 頬の運動	ナレーション例	p.64
29	7 呼吸訓練	ナレーション例	p.64
30	8 発声練習	ナレーション例	p.65
31	9 深呼吸	ナレーション例	p.66

32	6 頬の運動、7 呼吸訓練	伴奏の見本	p.64
33	「手のひらを太陽に」	さぐり弾きの見本	p.71
34	「楽しい、怒り、悲しい」の感情を表す作曲	作曲の見本3つ	p.75
35	C ベル音 (MM=100)	「世界にひとつ〜」練習用ベル音 (MM=100)	p.79
36	C ベル音 (MM=90)	「大きな古時計」練習用ベル音 (MM=90)	p.80
37	C のベルと例題 1 (MM=100)	1音 (C) のための例題 1。後半のベル音は練習用	p.83
38	G のベルと例題 2 (MM=90)	1音 (G) のための例題 2。後半のベル音は練習用	p.83
39	B♭のベルと例題 3 (MM=80)	1音 (B♭) のための例題 3。後半のベル音は練習用	p.84
40	B♭ベル音 (MM=80)	例題 3 の練習用ベル音 (MM=90)	p.84
41	伴奏リズム形 (Take Five より)	ピアノ、ドラム、ベースによる伴奏形。即興練習用	p.88
42	中近東音階即興	中近東音階による即興例	p.92
43	スパニッシュ即興	スペイン風音階による即興例	p.94
44	「こきりこ節」即興	「こきりこ節」中間部での即興例	p.96
45	「赤鼻のトナカイ」	さぐり弾きの見本	p.97
46	作曲例「雲」	DTM を使った作曲。ボーカルは音声合成ソフトによる	p.77
47	作曲例「日常」	以下同じ	p.77
48	作曲例「イイモノ」		p.77
49	作曲例「君へ」		p.77
50	作曲例「Happy?」		p.77
51	作曲例「あの人」		p.77
52	作曲例「平等」		p.77
53	作曲例「知らない」		p.78
54	作曲例「恋の詩」		p.78
55	作曲例「パンダ社会」		p.78
56	作曲例「私の墓は」		p.78

track No. 19 「エーデルワイス」
EDELWEISS
written by Richard Rodgers/ Oscar Hammerstein II
published by WILLIAMSON MUSIC COMPANY

track No. 45 「赤鼻のトナカイ」
RUDOLPH THE RED NOSED REINDEER
MARKS JOHN D
Words & Music by Johnny Marks© Copyright 1949 by ST. NICHOLAS MUSIC, INC.,
New York, N.Y.,U.S.A.Rights for Japan controlled by Shinko Music Publishing Co., Ltd.,

---

- 演奏：菅田文子
- ナレーション：饗場理佳
- 収録：清音ミュージックスタジオ (2013 年 4 月〜8 月収録)
- 録音・技術・ミックス・マスタリング：饗場公三 (清音ミュージック)
- CD プレス：株式会社プロスコープ、三研メディアプロダクト株式会社

あとがき

対象者のために作られた音楽を

　筆者は本書を、これから音楽療法士を目指す人、音楽療法活動をしている人が臨床即興を初めて学ぶときのガイドになればと思い作りました。

　本書の元となるテキストを 2008 年に出版して、授業で使っているうちに改善したいところや、現在の音楽スタイルや学習者のニーズにより合ったものに作り変えたいと思うようになりました。最初は少しの改訂でと思っていましたが、あれもこれもと欲張るうちに、ほとんど新しい本の形になりました。

　筆者は音楽療法に出あうまで、音楽制作に携わっていた時期がありました。今回それを本書の作曲の項目で役立てることができて喜んでいます。

　音楽は生きています。生きているからこそ時代とともに変化します。高齢者が昔の曲を聴いて昔の記憶をよみがえらせるのは、時代と音楽と生活が密接に関係していたからではないでしょうか。

　そして、思い出の曲や対象者が好きな音楽だけではなく、対象者のために作られた音楽も治療的な意味と作用を持ちます。その場で文字通り「生まれる」音が、他の誰でもない、対象者その人に強くはたらきかけるのだと思います。

　あおぞら音楽社の北島京子氏には、本書の出版について助言と励ましの言葉をいただきました。創造的な活動は、音楽もそうですが、芸術（表現）療法の核となる活動であり、音楽療法士にとって即興や作曲は、対象者の創造性を引き出すためには不可欠の技量であると私の考えを後押ししてくださいました。ここに記して感謝いたします。

　本書を通じて、即興や作曲が、限られた人にしかできない難しいものではなく、少しずつ練習と訓練を積めば習得できるものであると感じてもらえればなによりです。

2013 年　夏

菅田文子

菅田文子（すがた あやこ）
日本音楽療法学会認定音楽療法士
大垣女子短期大学音楽総合科音楽療法コース教授

　大阪府出身。ジャズピアノを市川 修氏に師事。ヤマハポピュラーミュージックスクール講師として音楽指導に携わるかたわら、ライブミュージシャンとして活動する。
　アメリカ（ニューヨーク）のモロイカレッジ音楽療法科を卒業。アメリカ音楽療法協会認定音楽療法士を得て帰国。
　岐阜県音楽療法研究所に研究員として勤務した後、2003年より大垣女子短期大学音楽総合科の音楽療法コース専任講師。岐阜大学大学院で発達心理学を研究、修士号を取得。広島大学大学院博士課程後期単位取得。主として広汎性発達障害児者を対象とした臨床活動を継続し、臨床的即興が治療的にはたらく仕組みについて研究している。2017年4月より現職。
　日本音楽療法学会認定音楽療法士、同学会理事。全国音楽療法士養成協議会の音楽療法・音楽教育充実向上委員。作編曲家としてCM音楽や環境音楽の作曲およびアレンジ活動のかたわら、シンガーの伴奏などライブ活動も積極的に行っている。
　著書に『弾き語りキーボードセッション①音楽療法の必須100曲・高齢者編』、『同②子ども編』、『同③おとな編』『同④ノスタルジー編』（共にあおぞら音楽社刊）。

（独習用CD付）
音楽療法で使う 即興・伴奏・作曲
初心者のための30日間マスター！

2013年9月20日　第1刷発行
2024年5月10日　第4刷発行

著　者　菅田 文子
発行者　北島 京子
発行所　有限会社 あおぞら音楽社
　　　　〒136-0073 東京都江東区北砂 3-1-16-308
　　　　電話 03-5606-0185　FAX 03-5606-0190
　　　　http://www.aoisora.jp/　E-mail info@aoisora.jp
　　　　振替　00110-3-573584

●カバー装幀・本文デザイン・イラスト・DTP／中村デザインオフィス
●楽譜データ作成／菅田文子
●印刷・製本／株式会社プリントパック

JASRAC 出 1310444-303　　JASRAC R-1380520

乱丁・落丁本はお取り替えいたします。
※本書および付録ＣＤのコピー、スキャン、デジタル化などの無断複製は、著作権法上の例外を除き禁じられています。本書を代行業者の第三者にスキャンやデジタル化させることは、個人や家庭内での利用目的であっても著作権法違反となります。

© 2013 Ayako Sugata
Printed in Japan
ISBN978-4-904437-14-8 C3073　　定価は表紙に表示してあります。

100曲シリーズ好評既刊

弾き語りキーボード・セッション①②③④　必須の400曲集

菅田文子 編・著 *Sugata Ayako*

弾き語りキーボード・セッション①
音楽療法の必須100曲［高齢者編］
菅田文子

これで伴奏＆回想トークに迷わない！
高齢者セッションでの必須100曲

A4判・224ページ・2,300円＋税

高齢者編の100曲
★印の40曲は、ベル譜付きです

春（18曲）
春よ来い／早春賦／荒城の月／うれしいひなまつり／おぼろ月夜／北国の春／どこかで春が／仰げば尊し★／春が来た／花／さくら／春の小川★／春のうた／鯉のぼり（甍の波と）／こいのぼり（屋根より）／背くらべ／みかんの花咲く丘★／青い山脈

夏（17曲）
茶摘み／夏は来ぬ★／かもめの水兵さん／あめふり／雨降りお月★／てるてる坊主／かたつむり★／七夕さま★／ウミ（海は広いな）／海（松原遠く）★／われは海の子★／ソーラン節／炭坑節／東京音頭／知床旅情／浜辺の歌／夏の思い出

秋（17曲）
里の秋★／村まつり★／証城寺の狸囃子★／うさぎ／十五夜お月さん／虫の声／とんぼのめがね／赤とんぼ／七つの子／旅愁／紅葉／月の砂漠／叱られて／美しき天然／船頭小唄／リンゴの唄

冬（12曲）
たきび★／雪／冬景色／蛍の光／お正月★／一月一日★／ふじの山★／スキー／カチューシャの唄／ペチカ／雪のふるまちを★／津軽海峡冬景色

全季節（36曲）
故郷／夕日★／ゆりかごの歌★／あの町この町／夕焼け小焼け／村の鍛冶屋／赤い靴／日の丸の旗★／大黒様／浦島太郎★／うさぎとかめ★／金色夜叉／籠の鳥／丘を越えて／旅の夜風／戦友／ラバウル小唄★／広瀬中佐／同期の桜／隣組／蘇州夜曲／憧れのハワイ航路／上海帰りのリル／二人は若い／東京のバスガール／高校三年生／瀬戸の花嫁／星影のワルツ／黒田節／草津節／人生劇場／幸せなら手をたたこう／世界の国からこんにちは／三百六十五歩のマーチ／ああ人生に涙あり／今日の日はさようなら

弾き語りキーボード・セッション②
音楽療法の必須100曲［子ども編］
菅田文子

子どもに人気の100曲をバランス良く集めました！
全曲にセッションでの使い方とアドバイス付き

A4判・224ページ・2,300円＋税

子ども編の100曲
（うち74曲はベル和音奏譜付き）

アニメ（映画・TV）曲
崖の上のポニョ／となりのトトロ／さんぽ／いつも何度でも／勇気りんりん／サザエさん一家／ゲゲゲの鬼太郎／踊るポンポコリン／ハイタッチ！（ポケットモンスター）／CHA-LA HEAD-CAHA-LA（ドラゴンボールZ）／ぼくドラえもん／夢をかなえてドラえもん／ドラえもんのうた／世界にひとつだけの花／歌えバンバン／ビリーブ（「生きもの地球紀行」）／アンパンマンのたいそう／アルゴリズム体操／いっぽんでもニンジン／パンダうさぎコアラ／ぐるぐるどっかーん！／おもちゃのチャチャチャ／だんご三兄弟／あめふりくまのこ／ぞうさんとくもの巣／おはなしゆびさん

ディズニー曲
ミッキーマウスマーチ／星に願いを／小さな世界

映画・ミュージカル曲
ドレミの歌／エーデルワイス／ともだちはいいもんだ

TVから生まれた曲
にんげんっていいな／はたらくくま／想い出のアルバム／目はおこってる

CM曲・ゲーム曲
たらこ・たらこ・たらこ／スーパーマリオのテーマ

ラテンリズムの曲
風になりたい／マンボNo.5

外国曲
大きな栗の木の下で／ロンドン橋／アルプス一万尺／小ぎつね／ぶんぶんぶん／かっこう／むすんでひらいて／メリーさんのひつじ

クラシック器楽曲
クシコスポスト／天国と地獄／威風堂々

子どもの愛唱歌
世界中のこどもたちに／バスごっこ／大きなたいこ／とんでったバナナ／あくしゅでこんにちわ／小鳥の歌／まつぼっくり／とけいのうた／おなかのへるうた／かわいいかくれんぼ／山羊さんゆうびん／一年生になったら／犬のおまわりさん／どんな色がすき／ふしぎなポケット／そうだったらいいのにな／あわてんぼうのサンタクロース／ともだち讃歌／線路はつづくよどこまでも／大きな歌

童謡
チューリップ／アイアイ／おつかいありさん／手をたたきましょう／どんぐりころころ／こぶたぬきつねこ／森のくまさん／おんまはみんな／汽車ポッポ／お馬／ぞうさん

替え歌
とんとんとんとんアンパンマン（ひげじいさん）

創作曲
はじまりのうた／タンバリンせんせい／パラシュートの伴奏／鳴らしてみよう／終わりのうた1／終わりのうた2

弾き語りキーボード・セッション③
音楽療法の必須100曲［おとな編］
菅田文子

成人の現場でリクエストの多い100曲を精選
戦後の歌謡曲～J-POPの全曲に、生伴奏のコツ付き

A4判・240ページ・2,450円＋税

おとな編の100曲
★印の33曲はベル譜付きです

昭和30年代
ラジオ体操の歌／ロシア民謡メドレー／「カチューシャ」「黒い瞳」「ともしび」／東京だよおっかさん／ここに幸あり／アカシアの雨がやむ時／君恋し／王将／コーヒー・ルンバ／スーダラ節／いつでも夢を／遠くへ行きたい／見上げてごらん夜の星を／こんにちは赤ちゃん／夜明けのうた

昭和40年代
柔／星のフラメンコ／君といつまでも／若者たち／銀色の道／夜霧よ今夜もありがとう／恋のフーガ／ブルー・シャトー／花の首飾り★／亜麻色の髪の乙女／帰って来たヨッパライ／戦争を知らない子供たち／ブルー・ライト・ヨコハマ／白いブランコ／恋の季節／長崎は今日も雨だった／誰もいない海／男はつらいよ／また逢う日まで★／結婚しようよ★／せんせい／太陽にほえろ！メインテーマ★／狙いうち／Yesterday Once More★／あなた／神田川★／私の彼は左きき／ジョニィへの伝言／襟裳岬

昭和50年代
シクラメンのかほり／卒業写真／およげ！たいやきくん／年下の男の子／なごり雪／北の宿から／酒と泪と男と女／青春時代／フィーリング★／勝手にしやがれ／いい日旅立ち／青葉城恋唄／銀河鉄道999／UFO／さよなら／YOUNG MAN★／異邦人／いとしのエリー★／贈る言葉／舟唄★／関白宣言★／September／花～すべての人の心に花を～／恋人よ／ルビーの指環／もしもピアノが弾けたなら／DOWNTOWN／ギンギラギンにさりげなく／北酒場／さざんかの宿／赤いスイートピー／セカンド・ラブ

昭和60年～平成
恋におちて／時の流れに身をまかせ／人生いろいろ／乾杯／川の流れのように★／Diamonds★／どんなときも／I Love You／君がいるだけで／島唄★／YAH YAH YAH／サボテンの花／負けないで／ロビンソン／夜空ノムコウ／地上の星／TSUNAMI／昔の名前で出ています★／最初から今まで★／「冬のソナタ」のテーマ

時代を超えて
栄冠は君に輝く／すみれの花咲く頃／愛の讃歌／千の風になって★／Amazing Grace／過ぎ山に日は落ちて★

弾き語りキーボード・セッション④
『電子歌詞集付・音楽療法の必須100曲・ノスタルジー編』
菅田文子

「高齢者編」の続編として、入手しづらい100曲を精選
付録に、現場で役立つ「電子歌詞集」200曲CD-ROM付

ノスタルジー編の100曲
★印の41曲はベル譜付きです

♪古きよき日本の歌
紀元節／鉄道唱歌（東海道編）★／箱根八里／人を恋する歌（三高寮歌）／真白き富士の根★

♪さわやか＆元気になる曲
朝はどこから★／森の水車／手のひらを太陽に★／高原列車は行く★／明日があるさ★／学生時代／きよしのズンドコ節★／まつり／のど自慢テーマ曲／スポーツショー行進曲／スポーツ行進曲

♪日本の抒情歌
かなりや／浜千鳥／青い眼の人形／砂山（中山晋平曲）★／花嫁人形★／シャボン玉★／椰子の実／ちいさい秋みつけた／いい湯だな

♪学校愛唱歌
冬の星座／星の界★／峠のわが家★／ローレライ／アニー・ローリー／遙かな友に／故郷の人々／おおスザンナ／草競馬／オールド・ブラック・ジョー／菩提樹／野ばら（ヴェルナー曲）／歓喜の歌（ドイツ語詞）

♪テレビ草創期の歌
赤胴鈴之助の歌／月光仮面は誰でしょう★／鉄腕アトム／ひょっこりひょうたん島

♪戦後を刻印する歌
かえり船／港が見える丘／異国の丘／岸壁の母／長崎の鐘

♪俳優・歌手が浮かぶ歌
ゴンドラの唄★／瞼の宿／蒲田行進曲／君の名は★／喜びも悲しみも幾年月／真っ赤な太陽／くちなしの花★／昔の名前で出ています★／好きになった人★／函館の女★／北帰行

♪郷愁の外国ポピュラー曲
サンタ・ルチア／ダニー・ボーイ★／ラブ・ミー・テンダー★／ケ・セラ・セラ★／オー・シャンゼリゼ／私の青空／アマポーラ／ラ・クンパルシータ

♪永遠のご当地ソング
東京行進曲／東京ラプソディー／有楽町で逢いましょう／湯島の白梅／旅姿三人男／南国土佐を後にして／ふたりの大阪／花笠音頭／斎太郎節

♪懐かしの流行歌
酒は涙か溜息か／誰か故郷を思わざる／夜霧のブルース／湯の町エレジー／影を慕いて★／お富さん／チャンチキおけさ／お座敷小唄／女のみち★／矢切の渡し／居酒屋★

♪うたごえ喫茶の定番曲
一週間／山のロザリア／ステンカラージン／トロイカ／アリラン／かあさんの歌★／雪山讃歌★／おお牧場はみどり★／山男の歌／レット・キス（ジェンカ）／フニクリ・フニクラ

♪明日につなげる歌
Happy Birthday to you★／切手のないおくりもの★／あの素晴らしい愛をもう一度／涙そうそう★／愛燦燦★／熱き心に／花は咲く★／上を向いて歩こう／時代